Chouette

6e

11-12 ANS

Anglais

Nicole Nemni-Nataf
Corinne Touati

Hatier

© Hatier, Paris, 2019 – ISBN : 978-2-401-05121-8

Ton parcours de révision

Commence par faire le test pour te situer. Coche la case ☐ quand tu as révisé un chapitre.

LE GROUPE NOMINAL

LE GROUPE VERBAL

LA PHRASE

Les outils complémentaires

Le Guide Chouette .... au centre du cahier

- Tous les **CORRIGÉS** des exercices, **avec des explications**
- Des informations « **spécial parents** »
- Les scripts des **podcasts** audio
- La tableaux récapitulatifs de **grammaire**
- La liste des **verbes irréguliers**

Pour t'entraîner à l'oral

- **Retrouve les RESSOURCES AUDIO signalées par 🎧 et téléchargeables sur www.editions-hatier.fr**

• Des PODCASTS AUDIO pour t'entraîner en compréhension orale (voir le Guide Chouette p. 17)

• Des corrigés d'EXERCICES SONORISÉS

- **Comment procéder ?**

Tape « Chouette Anglais 6e » et, dans la fiche article, clique sur « Ressources gratuites ».

Édition : Lorem Ipsum
Maquette : Frédéric Jély, Primo & Primo
Illustrations : Adrien Siroy, Axel Renaux, Sylvain Frécon
Mise en pages : Ici et ailleurs

TEST

1. Réponds aux questions du test.
2. Vérifie chaque réponse à l'aide du corrigé page 2 dans le livret détachable.
3. Si ta réponse n'est pas juste, entoure le n° de l'unité : elle t'aidera à comprendre tes erreurs.

LE GROUPE NOMINAL

UNITÉ

1. Complète cette phrase avec un nom dont le pluriel est irrégulier. 1 p. 6

A lot of .... are playing in the park.

2. Coche le ou les noms qui s'emploient avec l'article indéfini *an*. 2 p. 8

☐ orange ☐ house ☐ year ☐ university

3. Comment dirais-tu que tu ne vas pas à l'école le dimanche ? 3 p. 10

I ....

4. Tu demandes du pain. Que diras-tu ? 4 p. 12

☐ Can I have any bread, please? ☐ Can I have some bread, please?

5. Quel est le bon début pour la seconde phrase ? 5 p. 14

This is my teacher. ☐ His ☐ He's ☐ It's American.

6. Quel mot interrogatif interroge sur l'appartenance ? 6 p. 16

☐ who's ☐ whose

7. Tu aperçois un bateau au loin. Complète cette phrase avec le mot qui convient. 7 p. 18

Look at ☐ this ☐ that ☐ those boat!

8. Dans la phrase suivante, par quel pronom peux-tu remplacer le groupe en italique ? 8 p. 20

He is working with *my mother and I*.

☐ them ☐ us ☐ we

9. Remets les mots dans le bon ordre. 9 p. 22

are / Italian / my / an / cousins / driving / car

....

10. Comment dirais-tu que tu vas chez ton oncle ? 10 p. 24

☐ I'm at my uncle's. ☐ I'm going to my uncle's.

LE GROUPE VERBAL

UNITÉ

11. Trouve la réponse brève qui correspond à la question suivante. 11 p. 26

Are your parents in the garden?

☐ Yes, you are. ☐ No, you aren't. ☐ Yes, I am. ☐ No, they aren't.

....

12. Pour dire qu'il y a cinq ordinateurs dans ta classe, tu commences ta phrase par : 12 p. 28

☐ There is ☐ There are ☐ They are ☐ Are there

13. Pour savoir combien Clara a de frères et sœurs, remets ces mots dans le bon ordre. 13 p. 30

has / two sisters / but / Clara / she / brothers / got / hasn't / got / any

→ Clara ....

14. Tu veux demander à tes parents l'autorisation d'aller à la piscine. Que dis-tu ? 14 p. 32

....

15. **Tu sais que tu ne dois pas fumer. Coche la phrase qui exprime cette interdiction.**

☐ You must smoke. ☐ You mustn't smoke.
☐ You don't have to smoke. ☐ You don't smoke.

15 p. 34

16. **Retrouve les deux mots manquants dans la phrase qui suit.**

He doesn't .... Italian well, but he .... it.

☐ understand / speak ☐ speak / understands
☐ speaks / understand ☐ speak / understand

16 p. 36

17. **Tu veux savoir ce que ton camarade est en train de boire. Complète la question ci-dessous.**

What .... you drink............... ?

17 p. 38

18. **Imagine que tu joues régulièrement au basket. Comment le dirais-tu ?**

☐ I play basketball. ☐ I am playing basketball. ☐ I like playing basketball.

18 p. 40

19. **Tu as déjà entendu parler de Marilyn Monroe, cette célèbre actrice américaine. Retrouve les deux formes verbales manquantes dans la phrase.**

Marilyn Monroe .... a famous American actress, ... she?

☐ wasn't / was ☐ were / weren't ☐ weren't / were ☐ was / wasn't

19 p. 42

20. **Marlon n'a pas téléphoné à Jeremy hier. Complète la phrase avec le mot qui convient.**

Marlon didn't .... Jeremy yesterday.

☐ phoned ☐ phone ☐ phoning ☐ phones

20 p. 44

21. **Un ami t'annonce qu'il va visiter Londres le week-end prochain. Aide-le à remettre les mots dans le bon ordre.**

visit / I / London / to / am / next / weekend / going

→ I ....

21 p. 46

22. **Comment dirais-tu ?**

Donne-moi ce livre ! ....

N'ouvre pas la fenêtre ! ....

22 p. 48

23. **Tu aimes beaucoup cette musique. Dis-le en faisant attention à l'ordre des mots.**

→ ....

23 p. 50

LA PHRASE

UNITÉ

24. **Ton camarade fait une collection de timbres (*stamps*). Demande-lui combien il en a.**

....

24 p. 52

25. **Tu veux demander confirmation. Complète la phrase ci-dessous.**

Paul is very tall, ... ?

☐ is he? ☐ isn't she? ☐ isn't he? ☐ has he?

25 p. 54

26. **Écris les nombres suivants en chiffres.**

ninety-nine → ....

three hundred and twenty-one → ....

26 p. 56

27. **Dis à quelle heure tu te couches habituellement en semaine. Écris l'heure en toutes lettres.**

I go to bed at ....

26 p. 58

1 Les noms

Noms dénombrables et indénombrables

En anglais, il est important de distinguer les noms dénombrables des noms indénombrables.

- Les noms **dénombrables** font référence à ce que l'on peut compter. Ils peuvent se mettre au pluriel.

  a girl (une fille) → *girls* (des filles) *a pen* (un stylo) → *pens* (des stylos)

- Les noms **indénombrables** font référence à ce que l'on ne peut pas compter. Ils ne peuvent pas se mettre au pluriel.

  water (de l'eau) *money* (de l'argent)

COUP DE POUCE
Vérifie que tu as trouvé trois noms indénombrables.

★ **1** **Classe les noms illustrés dans le tableau ci-dessous.**

chair

bread

book

dog

salt

knife

shoe

money

Noms dénombrables	Noms indénombrables
....	....
....	....
....	....

SCORE ..../ 8

Le pluriel des noms dénombrables

- **Pluriel en -*s***

  Généralement, on forme le pluriel des noms dénombrables **en ajoutant -*s*** au singulier. Ce -*s* peut se prononcer **[s]** : *cats* [s], *books* [s] ; **ou [z]** : *chairs* [z], *doors* [z].

- **Pluriel en -*es***

  Cependant, certains noms dénombrables forment leur pluriel en -*es*.

Noms terminés par -*s*, -*sh*, -*ch*, -*x*, -*z*	Quelques noms terminés par -*o*	Noms terminés par une consonne + -*y*
a bus → *bus**es*** *a match* → *match**es*** *a box* → *box**es*** La terminaison -*es* se prononce alors [ɪz].	*a potato* → *potato**es*** *a tomato* → *tomato**es*** mais *a piano* → *piano**s***	*a lady* → *lad**ies*** *a baby* → *bab**ies*** *a story* → *stor**ies***

★ 2 Mets [s], [z] ou [iz] à côté des noms au pluriel ci-dessous, selon leur prononciation.

1. animals ....
2. buses ....
3. watches ....
4. drinks ....
5. chickens ....
6. brushes ....
7. banks ....
8. letters ....
9. hats ....
10. foxes ....

SCORE .... / 10

ATTENTION
Prends garde aux noms qui se terminent au singulier par *-s*, *-sh*, *-ch* ou *-x* ! Au pluriel, leur terminaison *-es* se prononce [iz].

Pluriels irréguliers et cas particuliers

- Il existe des **pluriels irréguliers** : il faut les apprendre par cœur.

a man (un homme) → *men* — *a woman* (une femme) → *women*
a child (un enfant) → *children* — *a tooth* (une dent) → *teeth*
a foot (un pied) → *feet* — *a mouse* (une souris) → *mice*

- Note bien qu'un vêtement « à deux jambes » est désigné par un nom au pluriel en anglais. C'est le cas de *trousers* (pantalon), *jeans, shorts, pyjamas*.

Where are my pyjamas? Où est mon pyjama ?

★★ 3 Mets les phrases suivantes au pluriel.

1. The dog isn't in the garden. ....
2. Is the child playing? ....
3. The postman is bringing a letter. ....

SCORE .... / 3

COUP DE POUCE
Pense que le nom composé *postman* contient le nom *man* dont le pluriel est irrégulier.

★★ 4 Écris les treize noms dans la grille en les mettant au pluriel. Avec les lettres des cases vertes, tu pourras former un nom qui est toujours au pluriel.

1. POTATO
2. MATCH
3. DRESS
4. ARMCHAIR
5. WOMAN
6. BUS
7. BOX
8. BABY
9. UMBRELLA
10. SANDWICH
11. CHILD
12. POSTMAN
13. MAN

SCORE .... / 14

Corrigés p. 2

TOTAL .... / 35

2 L'article indéfini *a*/*an*

A ou *an*?

- L'article indéfini *a/an* s'emploie devant un nom dénombrable singulier.
  Il se traduit par **« un »** ou **« une »**, selon le genre du nom français.
- On utilise :
  - ***a*** devant un nom (ou un adjectif) commençant par une consonne, un *y* ou un *u* prononcé [ju] ;
    a *ball* ***a*** *year* ***a*** *university*
  - ***an*** devant un nom (ou un adjectif) commençant par une voyelle ou un *h* muet.
    an *apple* ***an*** *American man* ***an*** *hour* ***an*** *honest man*

COUP DE POUCE
- Choisis *a* ou *an* en fonction de la lettre qui suit.
- *A* ou *an* se traduit par « un » ou « une » selon le genre du nom français.

★ 1 Complète les groupes nominaux avec *a* ou *an* puis traduis-les à l'aide du lexique (voir page 60).

1. .... woman → ....
2. .... apple → ....
3. .... umbrella → ....
4. .... university → ....
5. .... escalator → ....
6. .... hour → ....
7. .... Indian restaurant → ....

SCORE ..../ 7

L'« article zéro » au pluriel

- L'article indéfini *a/an* **n'a pas de forme au pluriel**. On parle d'« article zéro ».
  L'« article zéro » peut être noté à l'aide du signe Ø.

  There is ***a*** *tree in my garden.*
  Il y a un arbre dans mon jardin.
  There are ***Ø*** *trees in my garden.*
  Il y a des arbres dans mon jardin.

★ 2 Complète avec *a*, *an* ou *Ø* (pas d'article).

1. My mother is .... teacher.
2. He's coming in half .... hour.
3. He's .... American actor.
4. She's wearing .... yellow dress.
5. There are .... cars in the street.
6. They're .... actors, not .... singers.

SCORE ..../ 7

Devant les noms de métier

- En anglais, quand on indique le métier d'une personne, on emploie ***a/an*** devant le nom de métier (alors qu'en français, on n'emploie pas d'article).

  *John is **a** teacher.* John est professeur.
  *My mother is **an** actress.* Ma mère est actrice.

3 **Quel est le métier de ces personnages célèbres ? Complète les phrases à l'aide des mots suivants :** actor – football player – singer – politician.

1. Zidane ....

2. Leonardo DiCaprio ....

3. Barack Obama ....

4. Céline Dion and Elton John ....

SCORE .... / 4

ATTENTION
Quand le nom de métier est au pluriel, pense à employer l'article Ø.

4 **Construis les questions et les réponses sur le modèle suivant.**
Ex. : *he / actor / teacher* → *Is he an actor? No, he isn't. He's a teacher.*

1. she / doctor / dentist

....

2. she / hairdresser / nurse

....

3. they / engineers / architects

....

4. he / gardener / policeman

....

5. he / librarian / bookseller

....

SCORE .... / 5

ATTENTION
• Tous les noms de métier au singulier commencent par une consonne ou un *h* aspiré (*hairdresser*) : ils doivent être précédés de l'article indéfini *a*.
• Phrase 3 : devant les noms de métier au pluriel, tu dois employer l'article Ø.

Corrigés p. 3

TOTAL .... / 23

3 L'article défini *the*

A/*an* ou *the* ?

▸ Observe bien ces deux dessins.

*Take **a** glass.*
Prends un verre.
[n'importe lequel]

*Take **the** glass.*
Prends le verre.
[pas n'importe lequel, celui qui est sur la table]

On utilise l'article *the* quand la chose ou l'être désigné par le nom est défini par la situation ou le contexte.

▸ ***The*** s'emploie devant un nom singulier ou pluriel. **Il traduit « le », « la », « les ».**

the father → ***the** fathers*   *the girl* → ***the** girls*   *the car* → ***the** cars*

★★ 1 Comment dirais-tu que... ?

1. il y a un oiseau dans l'arbre → ....
2. l'oiseau chante → ....
3. il y a des dauphins dans la mer → ....
4. les dauphins nagent → ....

SCORE ..../ 4

COUP DE POUCE
Vérifie que tu as utilisé les noms *bird, dolphin, tree, sea* et les deux verbes *sing, swim.*

Comment prononcer *the* ?

▸ *The* se prononce de deux manières :

- **[ðə]** devant un nom (ou un adjectif) commençant par une consonne, un *y*, ou un *u* prononcé [juː] ;

  the [ðə] *ball*   ***the*** [ðə] *year*   ***the*** [ðə] *university*

- **[ðɪ]** devant un nom (ou un adjectif) commençant par une voyelle.

  the [ðɪ] *apple*   ***the*** [ðɪ] *American man*

★ 2 Souligne l'article *the* lorsqu'il se prononce [ðɪ].

1. the egg
2. the hat
3. the orange
4. the bus
5. the flower
6. the car
7. the umbrella
8. the tickets
9. the university
10. the yellow tee-shirt

SCORE ..../ 10

ATTENTION
Quand le nom commence par la lettre *u*, prends garde à sa prononciation.

The ou l'article zéro ?

- Observe ces deux exemples.

    I like Ø cakes. J'aime les gâteaux [en général].

    Mais : *I like **the** cakes she makes.* J'aime les gâteaux qu'elle fait [ceux-là].

  L'article *the* **ne s'emploie pas** dans les **généralisations**.

- C'est également le cas devant :
  - les noms de **repas** : *Breakfast is ready.* Le petit déjeuner est prêt.
  - les noms de **langues** : *I study English.* J'étudie l'anglais.
  - les noms désignant des **activités** (jeux, sports, matières scolaires) :
    I like tennis. J'aime le tennis.
  - les noms désignant les **jours**, les **mois**, les **saisons** :
    I never work in August. Je ne travaille jamais en août.

3 **Complète avec *the* ou Ø** (article zéro).

1. Give me .... white cup, please.
2. I love .... American films.
3. I don't like .... vegetable soup.
4. I like .... soup my grandmother makes.
5. Put .... book on .... table.

SCORE ..../ 6

ATTENTION
Phrases 3 et 4 : selon qu'il s'agit de la soupe de légumes en général ou de la soupe de ta grand-mère, tu n'emploies pas le même article en anglais.

4 **Complète avec *the* ou Ø** (article zéro).

1. I often play .... tennis on .... Saturdays.
2. .... dinner is not ready.
3. I like .... music but I don't like .... sport.
4. I like .... music of this film.

SCORE ..../ 6

COUP DE POUCE
Vérifie que tu n'as utilisé qu'une fois l'article *the*.

5 **À l'aide du dessin, complète la liste de courses.**
Emploie un article si nécessaire.

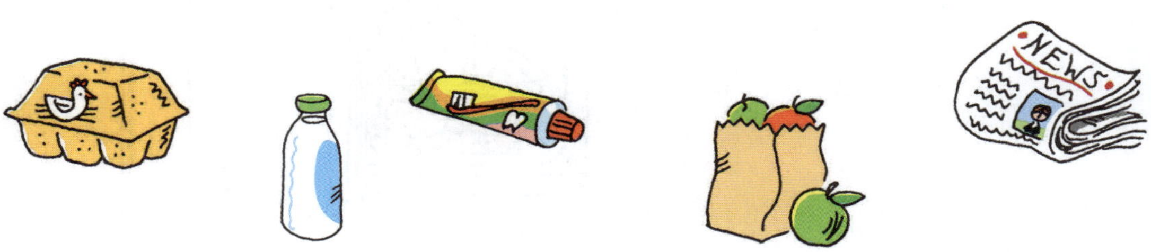

Buy eggs, ...

....

....

SCORE ..../ 4

COUP DE POUCE
Les noms utiles : *milk, toothpaste, apple, newspaper.* N'hésite pas à te reporter à l'unité 2.

Corrigés p. 3

TOTAL ..../ 30

4 Some, any, a lot of

Some et *any*

- *Some* et *any* servent à exprimer une **quantité imprécise**.
  On les emploie devant un nom indénombrable ou un nom dénombrable au pluriel.
  Ils se traduisent par « du », « de la », « des ».

- Dans les **phrases affirmatives**, on emploie *some*.

  *There is **some** water* [indénombrable] *in my glass.*
  Il y a de l'eau dans mon verre.

  *There are **some** sweets* [dénombrable au pluriel] *on the table.*
  Il y a des bonbons sur la table.

- Dans les **phrases interrogatives**, on emploie :
  - ***any*** quand on ne sait pas s'il y a ce que l'on demande ;

    Are there any eggs in the fridge? Y a-t-il des œufs dans le réfrigérateur ?
    Have you got any tea? Avez-vous du thé ?
  - ***some*** quand on sait qu'il y a ce que l'on demande (demande polie) ou lorsque l'on fait une offre. On attend alors une réponse affirmative.

    *Can I have **some** bread, please? – Of course.*
    Est-ce que je peux avoir du pain, s'il te plaît ? – Bien sûr.

- Dans les **phrases négatives**, on emploie *any*.

  *I do**n't** have **any** money.* Je n'ai pas d'argent.
  *There are**n't any** letters for you.* Il n'y a pas de lettres pour vous.

★ 1 Qu'y a-t-il dans ce réfrigérateur ? Complète les phrases.

1. There is ....
2. There is ....
3. There are ....
4. There are ....

SCORE ..../4

> **COUP DE POUCE**
> Les phrases sont affirmatives. Vérifie que tu as utilisé les mots *cheese, chicken, eggs, tomatoes.*

★ 2 Complète avec *any* ou *some*.

1. I haven't got .... time.
2. Can I have .... salt, please?
3. Is there .... sugar in the cake?
4. Do you want .... orange juice?
5. Have you got .... friends in London?

SCORE ..../5

> **COUP DE POUCE**
> Une des cinq phrases exprime une offre ; une autre, une demande polie.

3 **Regarde les dessins et réponds aux questions comme dans l'exemple suivant.**

Ex. : *Are there any books on the table?*

– No, there aren't any. There are some cups.

1. Are there any sweets in your pencil case?

– ....

....

....

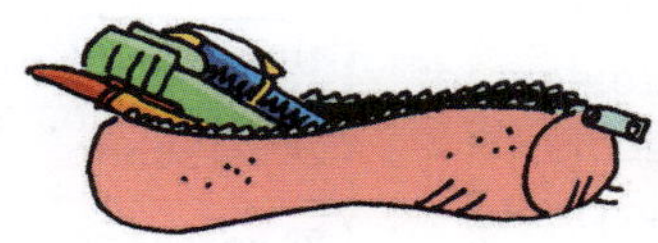

2. Are there any shoes in the box?

– ....

....

....

3. Is there any cake in the plate?

– ....

....

....

4. Are there any cars in the garage?

– ....

....

....

SCORE .... /4

COUP DE POUCE

Pense à utiliser le verbe au singulier ou au pluriel selon les réponses que tu donnes. « Foulard » se dit *scarf* (plur. *scarves*).

A lot of

- ***A lot of*** exprime l'idée d'une grande quantité, il se traduit par **« beaucoup de »**. Il peut être suivi d'un dénombrable au pluriel ou d'un indénombrable.

  *I've got **a lot of friends*** [dénombrable au pluriel]. J'ai beaucoup d'amis.

  *I've got **a lot of time*** [indénombrable]. J'ai beaucoup de temps.

4 **Comment dirais-tu que... ?**

1. tu as beaucoup de CD → I ....

2. tu as beaucoup d'amis → ....

3. tu as beaucoup de devoirs → ....

4. tu as beaucoup de temps le mercredi → ....

SCORE .... /4

COUP DE POUCE

Utilise le mot *homework* pour parler de tes devoirs.

Corrigés p. 3-4

TOTAL .... / 17

LE GROUPE NOMINAL

5 Les déterminants possessifs

Formes

- En anglais, comme en français, les déterminants possessifs (également appelés adjectifs possessifs) **varient selon le possesseur**.

	Un possesseur	Plusieurs possesseurs
1re personne	my ball	our ball
2e personne	your ball	your ball
3e personne	his, her, its ball	their ball

- Contrairement au français, ils ne varient pas selon le nom déterminé.

  *Look at **my** book!* Regarde mon livre !
  *Look at **my** dress!* Regarde ma robe !
  *Look at **my** shoes!* Regarde mes chaussures !

★ 1 Complète avec *my, your, our, their,* en observant bien les sujets.

ATTENTION
Prends garde aux sujets au pluriel !

1. Peter and John are with .... cousins.
2. We like .... new classroom.
3. I always take the bus with .... sister.
4. Mr and Mrs Waknin love .... new car.
5. Have you got .... tennis racket?

SCORE ..../5

His, her, its

- Observe le dessin et lis les légendes.

His name is John.
*Look at **his** bike.*

Her name is Mary.
*Look at **her** bike.*

- À la 3e personne du singulier, on choisit ***his*** (masculin), ***her*** (féminin) ou ***its*** (neutre), en fonction du possesseur.

  *It's **his** bike.* C'est sa bicyclette [la bicyclette de John].
  *It's **her** bike.* C'est sa bicyclette [la bicyclette de Mary].
  *I like **its** colour.* J'aime sa couleur [la couleur de la bicyclette].

★ 2 Complète avec *his, her* ou *its.*

COUP DE POUCE
Lloyd est un prénom de garçon ; *Allison*, un prénom de fille.

1. The little boy is with .... mother.
2. Look at the house: .... roof is high.
3. Lloyd is in .... room.
4. The girl is playing in .... room.
5. Is Allison working with .... friend?

SCORE ..../5

★★ 3 Complète à l'aide de déterminants possessifs de la 3e personne.

1. It's Mary's bag. It's .... bag.
2. It's Elton's piano. It's .... piano.
3. It's Mr and Mrs Brown's car. It's .... car.
4. Look at the bird's nest. Look at .... nest.
5. It's the children's room. It's .... room.

SCORE ..../5

COUP DE POUCE
Le possesseur est indiqué sous la forme d'un génitif (nom du possesseur + 's + nom de l'objet possédé). Voir l'unité 6.

★★ 4 À partir des deux éléments donnés, reconstitue la question et la réponse correspondante, selon l'exemple.

Ex. : *Jim / cat* → *Whose cat is it? It's his cat.*

1. my friends / bikes

....

2. Maureen / shoes

....

3. Cathy and I / computer

....

SCORE ..../3

COUP DE POUCE
Pour demander à qui appartient un objet, utilise le mot interrogatif *whose* suivi du nom désignant l'objet. S'il y a plusieurs objets, mets le verbe *be* au pluriel.

His ou *he's*? *Its* ou *it's*?

- Fais bien attention à ne pas confondre :
  - *his*, déterminant possessif masculin (utilisé avec un possesseur de sexe masculin) et *he's*, forme contractée de ***he is*** ;
  - *its* déterminant possessif neutre (utilisé avec un nom d'animal ou d'objet) et *it's*, forme contractée de ***it is***.

★ 5 Complète avec *his* ou *he's*.

1. Ben is my uncle. .... very nice.
2. William doesn't brush .... teeth after lunch.
3. Is Michael reading .... book?
4. Look at Stan, ... sad.

SCORE ..../4

ATTENTION
Vérifie que tu as bien employé deux fois la forme contractée de *he is*.

★ 6 Complète avec *its* ou *it's*.

1. The bird is in .... nest.
2. Look at this baby: .... very small.
3. Look at the car. I like .... colour.
4. Where is the key? .... in my pocket.

SCORE ..../4

ATTENTION
On utilise généralement *it* pour parler d'un bébé.

Corrigés p. 4

TOTAL ..../ 26

LE GROUPE NOMINAL

6 Le génitif

Le génitif au singulier

- Observe ces dessins.

Oliver's ball
le ballon d'Olivier

my mother's bag
le sac de ma mère

Oliver's et ***my mother's*** sont des génitifs. Le génitif (ou cas possessif) exprime la possession. Au singulier, voici comment il se construit :
nom du possesseur + 's + nom de l'objet possédé sans déterminant.

- Le génitif peut aussi exprimer une relation entre les personnes, un lien de parenté.
  *Here is **my brother's wife**.* Voici la femme de mon frère.

★ 1 Observe bien cet arbre généalogique. Indique les liens de parenté entre les personnes.

COUP DE POUCE
Utilise les noms désignant les membres de la famille : *father, mother, grandfather, grandmother, brother, sister, son, daughter.*

Ex. : *Who is Sacha? – He's John's son, Juliet's son, Sydney's brother, Samantha's brother.*

1. Who is Alfred? – ....
2. Who is Mary? – ....
3. Who is John? – ....
4. Who is Samantha? – ....

SCORE ..../4

★★ 2 *Who are they?* Trouve les réponses à ces « devinettes familiales ».

COUP DE POUCE
Vérifie que tu as employé les noms *aunt* (tante), *cousin, niece, sister, uncle.*

1. Cameron is my mother's nephew's brother. He is my ....
2. Kate is my father's wife's daughter. She is my ....
3. Jane married my grandfather's son's brother. She married my ....
   She is my ....
4. Macho is my brother's daughter's dog. It's my ....'s dog.

SCORE ..../5

Le génitif au pluriel

- Au pluriel, **le s du génitif disparaît**, mais l'apostrophe demeure.
  the girls' ball (le ballon des filles)
  my friends' house (la maison de mes amis)
- En revanche, lorsque le pluriel est irrégulier, on emploie **'s**.
  ***women's** clothes* (des vêtements de femmes)
  *the **children's** room* (la chambre des enfants)

3 Comment désignerais-tu... ?

1. les jouets des enfants → ....
2. la chambre de tes parents → ....
3. des chaussures d'hommes → ....
4. la voiture de tes cousins → ....

SCORE ..../4

ATTENTION Il y a deux pluriels irréguliers dans cet exercice.

Whose

- *Whose...?* sert à **interroger sur l'appartenance**.
  ***Whose book** is this? – It is **John's book**.*
  À qui est ce livre ? – C'est le livre de John.
- Pour éviter la répétition, on peut répondre par le génitif seul.
  *Whose book is this? – It's **John's**.*
- On peut aussi répondre en utilisant un déterminant possessif suivi d'un nom.
  *Whose bag is it? – It's **my** bag.*
  À qui est ce sac ? – C'est mon sac.

4 Réponds aux questions comme dans l'exemple.

Ex. : *Whose bike is it? (Cathy) – It's Cathy's bike. It's her bike.*

1. Whose pen is it? (my mother)
....
2. Whose socks are they? (Philip)
....
3. Whose cat is it? (the Browns)
....
4. Whose glasses are they? (Mrs Barret)
....
5. Whose newspaper is it? (Allison)
....

SCORE ..../5

ATTENTION Utilise correctement les déterminants possessifs étudiés dans l'unité 5.

Corrigés p. 4-5

TOTAL ..../ 18

LE GROUPE NOMINAL

7 This et that

Les déterminants démonstratifs *this* et *that*

- *This* et *that* peuvent être employés comme déterminants devant un nom : ils permettent de **montrer la personne ou l'objet** désignés par le nom.
  Ils ont une forme différente selon qu'ils déterminent un nom au singulier ou au pluriel.

  ***this** boy* (ce garçon), ***these** boys* (ces garçons)
  ***that** tree* (cet arbre), ***those** trees* (ces arbres)

- Observe ces deux dessins.

*Look at **this** picture.* Regarde cette image.

*Look at **that** plane.* Regarde cet avion.

- ***This*** et sa forme au pluriel ***these*** sont utilisés de préférence pour désigner quelque chose de proche (dans l'espace ou le temps).
- À l'inverse, ***that*** et sa forme au pluriel ***those*** sont utilisés pour désigner quelque chose d'éloigné. Ils peuvent avoir une valeur péjorative.

  *I don't like **that** dog.* Je n'aime pas ce chien. [Je le rejette.]

★★ **1** **Mets ces phrases au singulier.**

1. These pens are John's. → ....
2. Those roses are beautiful. → ....
3. These cakes are very good. → ....
4. These exercises are easy. → ....

SCORE ..../4

COUP DE POUCE
Pense à mettre le verbe au singulier également.

Les pronoms démonstratifs *this* et *that*

- *This* et *that* peuvent être aussi employés comme pronoms.

  *What's **this**?* Qu'est-ce que c'est [ceci qui est près de moi] ?
  *What's **that**?* Qu'est-ce que c'est [cela qui est éloigné de moi] ?

  Quand il y a plusieurs objets désignés, l'anglais utilise les formes au pluriel.

  *What are **these**? What are **those**?*

- Les pronoms *this* et *that* servent en particulier à présenter quelqu'un ou à identifier une personne **au téléphone**.

  ***This** is my mother.* C'est ma mère.
  *Who's **that**?* Qui est-ce ?
  *Hello! **This** is Paula.* Allô ! C'est Paula.

2 Pose la question et donne la réponse. Utilise *this* ou *that* selon le sens.

Ex. : *What's that? It's a taxi.*

1. ....?

....

2. ....?

....

3. ....?

....

SCORE .... /3

COUP DE POUCE

On utilise *this* et *that* selon l'éloignement de l'objet : *this* pour les objets proches, *that* pour les objets éloignés de soi.

INFO

Un téléphone portable se dit *mobile* (*phone*).

3 Que disent ces personnages ? Complète les phrases.

1. Hello! ....

2. .... Mrs Winston.

3. Who .... ?

4. What are .... ?

SCORE .... /4

ATTENTION

Observe bien : sur le dessin 3, la star est éloignée des passants qui s'interrogent ; de même, les cadeaux figurant sur le dessin 4 sont au fond de la pièce.

Corrigés p. 5

TOTAL .... / 11

8 Les pronoms personnels

Les pronoms personnels sujets

- En anglais, comme en français, les pronoms personnels sujets permettent de conjuguer le verbe. En voici la liste (ci-contre).

I
you
he, she, it
we
you
they

- Note bien qu'**à la 3e personne du singulier** :
  - ***he*** fait référence à une personne de sexe masculin ;

    Dave is my cousin. ***He*** *is 12.*
  - ***she*** fait référence à une personne de sexe féminin ;

    Chelsea is my sister. ***She*** *is in the kitchen.*
  - ***it*** fait référence à un animal ou à un objet.

    The lion is big. ***It*** *is in the cage.*

  Cependant, on emploie *he* ou *she* pour un animal domestique.

  Mickey is my dog. He sleeps with me.

★ 1 Remplace les mots en rose par le pronom personnel sujet correspondant.

1. His sister is coming to the party. → ....
2. My cousin Peter lives in New York. → ....
3. Your parents are never late. → ....
4. Her brother and I often go to concerts. → ....

SCORE ..../4

COUP DE POUCE
Sauf dans la phrase 4, tu dois remplacer les mots en rose par des pronoms personnels de la 3e personne.

Les pronoms personnels compléments

- Les pronoms personnels compléments se placent toujours après le verbe. En voici la liste.

me
you
him, her, it
us
you
them

- Note bien qu'**à la 3e personne du singulier** :
  - ***him*** fait référence à une personne de sexe masculin.

    I must help ***him****.* Je dois l'aider.
  - ***her*** fait référence à une personne de sexe féminin.

    He loves ***her****.* Il l'aime.

★ 2 Coche le pronom personnel qui convient.

1. These tourists can't speak French. Help ❑ them ❑ they.
2. We're late! Take ❑ us ❑ we to the airport.
3. I'm hungry; give ❑ me ❑ her a sandwich.
4. Those chairs are broken; repair ❑ it ❑ them.

SCORE ..../4

ATTENTION
On n'attend ici que des pronoms personnels compléments !

★★ 3 Remplace les mots en rose par le pronom personnel qui convient.

1. Look at my mother. → Look at ....
2. Where are the children? → Where are .... ?
3. He's playing with my sister and me. → He's playing with ....
4. What colour is your car? → What colour is .... ?

SCORE ..../4

ATTENTION
• Différencie bien le singulier du pluriel (*it*/*them*) et le masculin du féminin (*him*/*her*).
• Dans la phrase 3, le groupe *my sister and me* comprend un nom et un pronom de la 1re personne.

★★ 4 Forme des phrases à l'aide des mots suivants remis dans le bon ordre.

1. help / you / us / can / ?

....

2. buy / a / car / they / can't / new

....

3. piece / her / give / a / cake / of

....

SCORE ..../3

COUP DE POUCE
Vérifie que tu as bien placé les pronoms personnels compléments après le verbe.

Les pronoms personnels dans les réponses brèves

- Lorsqu'on répond par *yes* ou *no* en anglais, on reprend le sujet sous forme de pronom personnel suivi de l'auxiliaire.

  Is Tyrone at home? – ***Yes, he is.***
  Is Martha in the garden? – ***Yes, she is.***

★★ 5 Colorie de la même couleur le ballon question et le ballon réponse correspondant.

SCORE ..../5

Corrigés p. 5

TOTAL ..../ 20

9 Les adjectifs qualificatifs

L'adjectif qualificatif : épithète ou attribut ?

- Quand il fait partie d'un groupe nominal, l'adjectif qualificatif est **épithète**.

  *My **new** books are on the table.* Mes nouveaux livres sont sur la table.

  Quand il se rapporte au sujet par l'intermédiaire du verbe *be*, il est **attribut**.

  *Jane is **beautiful**.* Jane est belle.

- Quelle que soit sa fonction, l'adjectif qualificatif est invariable en anglais.

  *My brother is **nice**.* Mon frère est gentil.
  *My friends are **nice**.* Mes amis sont gentils.

★ 1 Mets ces phrases au pluriel.

1. The blue mobile is expensive. → ....
2. His cousin is tall. → ....
3. The chair is comfortable. → ....
4. Is your bike new? → ....
5. This is my new friend. → ....
6. Is it my glass? → ....

SCORE ..../6

COUP DE POUCE
- Les noms et les verbes prennent la marque du pluriel.
- Vérifie que tu n'as pas mis de *s* aux adjectifs.
- Le pluriel de *this* est *these*.

La place de l'adjectif épithète

- En anglais, l'adjectif qualificatif épithète se place **toujours devant le nom**.

  *There is a **blue** door in my **new** house.*
  Il y a une porte bleue dans ma nouvelle maison.

  *These are **interesting** pictures.*
  Ce sont des photos intéressantes.

ATTENTION
N'oublie pas que *a* devient *an* devant un adjectif commençant par une voyelle.

★ 2 Forme une seule phrase à partir des deux phrases données.

Ex. : *It's a house. It's big.* → *It's a big house.*

1. It's a drink. It's cold. → ....
2. It's an armchair. It's comfortable. → ....
3. It's an exercise. It's difficult. → ....
4. It's a pen. It's expensive. → ....
5. It's a message. It's important. → ....
6. It's a taxi. It's red. → ....

SCORE ..../6

★★ 3 **Décris les dessins en utilisant les adjectifs suivants :**
dirty – big – old – heavy – tall – comfortable.

Ex. : *It's a comfortable armchair.*

1.

2.

3.

4.

5.

1. It's ....
2. It's ....
3. They're ....
4. It's ....
5. She's ....

SCORE ..../5

> **COUP DE POUCE**
> Utilise les noms *box, woman.*

★★ 4 **Remets les mots dans le bon ordre.**

1. young / is / a / she / very / doctor /. → ....
2. wearing / a / dirty / is / he / sweater /. → ....
3. an / this / Italian / is / restaurant / ? → ....
4. teacher / her / English / nice / patient / and / is /. → ....
....

SCORE ..../4

> **COUP DE POUCE**
> Lorsqu'il y a deux adjectifs dans une même phrase, sépare-les par *and.*

Les adjectifs de nationalité

- En anglais, les adjectifs de nationalité prennent une **majuscule**.
  *Allison is **A**merican.* Allison est américaine.
  *Paul is driving an **E**nglish car.* Paul conduit une voiture anglaise.

★★ 5 **Comment désignerais-tu... ?**

1. un champion italien → ....
2. une chanteuse espagnole → ....
3. un peintre français → ....

SCORE ..../4

> **COUP DE POUCE**
> Utilise les noms *painter, singer.*

Corrigés p. 6

TOTAL ..../ 25

10 Les prépositions de lieu

Des mots invariables

- En anglais, comme en français, les prépositions servent à **introduire un complément** (COI, complément circonstanciel). Elles sont invariables.
- Voici les principales prépositions utiles pour situer **dans l'espace**.

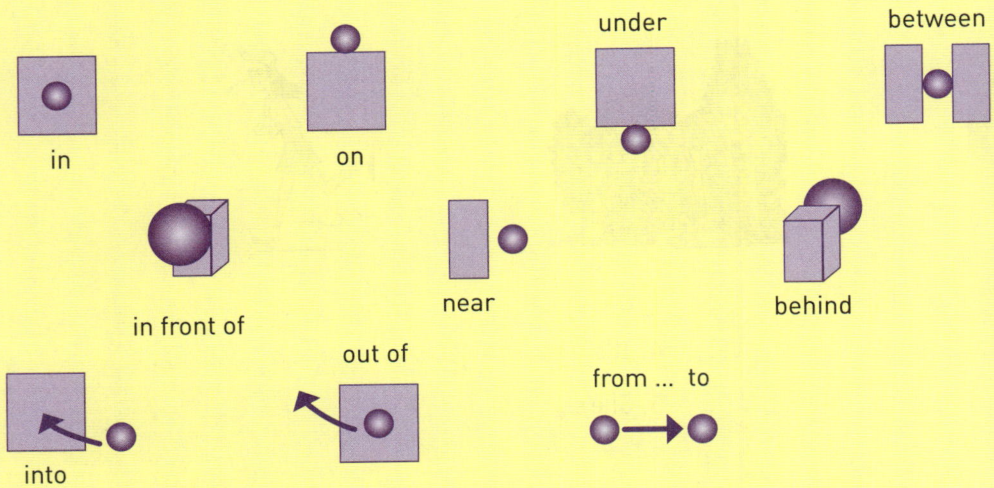

1 Réponds aux questions en utilisant la préposition qui convient.

> **INFO**
> *a ladder* : une échelle

1. Is the man in the car?

– No, ...

2. Is the girl on the tree?

– No, ...

3. Is the ladder behind the door?

– No, ...

SCORE ..../3

2 Complète le dessin de la page suivante à l'aide des indications données.

1. There's a boat on the river.

2. A boy's having a bath in the river.

3. Three cars are parked near the tree.

4. A dog is running to the fisherman.

SCORE ..../4

> **INFO**
> *a fisherman* : un pêcheur

Prépositions à ne pas confondre

▸ *From* et *to*

He comes ***from*** *Tokyo.* Il vient de Tokyo. [*From* indique la provenance, le point de départ.]	*I am going* ***to*** *London.* Je vais à Londres. [*To* indique la direction, le point à rejoindre.]

▸ *To* et *at*

She's going ***to*** *the cinema.* Elle va au cinéma. [*To* indique un point à rejoindre, un déplacement.]	*She's* ***at*** *the cinema.* Elle est au cinéma. [*At* indique un point fixe, sans déplacement.]

★★ 3 Complète les phrases en utilisant des prépositions.

FRED. – Hi Peter! This is Sally, my American penfriend.

PETER. – Hi Sally! Where are you .... ?

SALLY. – I'm .... Denver, Colorado.

PETER. – Where are you staying?

SALLY. – I'm staying .... my cousins'. They're French.

They live two blocks .... the swimming pool.

FRED. – Peter, we're going .... a fast food restaurant.

Do you want to come with us?

PETER. – Too bad! Not tonight. I must go .... my grandparents'. Why not tomorrow?

SALLY. – Tomorrow I'm going back .... the States... So maybe next year.

SCORE ..../7

> **INFO**
> • *a penfriend* : un(e) correspondant(e)
> • *to stay* : séjourner
> • *a block* : un pâté de maisons
> • *too bad* : dommage
> • *maybe* : peut-être

Corrigés p. 6-7

TOTAL ..../ 14

LE GROUPE VERBAL

11 Be au présent (1)

Be à la forme affirmative

- Le verbe *be* est d'un **emploi très fréquent**. Il permet en particulier de :
  - se présenter ou de présenter quelqu'un ;
    *Hi! **I'm** Sonia. This **is** James.* Salut, je suis Sonia. Voici James.
  - situer des personnes ou des choses.
    *Your glasses **are** on the table.* Tes lunettes sont sur la table.
- Voici comment il se conjugue à la **forme affirmative.**

Au singulier		Au pluriel	
Forme pleine	**Forme contractée**	**Forme pleine**	**Forme contractée**
I am	I'm	we are	we're
you are	you're	you are	you're
he is, she is, it is	he's, she's, it's	they are	they're

COUP DE POUCE
Observe bien chacun des sujets pour choisir la bonne forme de *be*.

★ **1** **Complète ces phrases en employant le verbe *be*. N'utilise pas de contraction.**

1. You .... English but I .... from Canada.
2. My friend Lucy .... Canadian too.
3. She .... eleven.
4. We .... in Montreal.
5. It .... 3 p.m. in Montreal.
6. My parents .... at work.

SCORE ..../7

Be à la forme interrogative

- Pour obtenir la **forme interrogative** de *be*, on fait passer le verbe avant le sujet (inversion du sujet).

Au singulier	Au pluriel
am I?	are we?
are you?	are you?
is he, she, it?	are they?

ATTENTION
Dans une phrase interrogative, *be* n'est jamais à la forme contractée.

★★ **2** **Mets les phrases suivantes à la forme interrogative.**

Ex. : *It's a good book.* → *Is it a good book?*

1. They're from Japan. → ....
2. Bob's American. → ....
3. They're in the classroom. → ....
4. That's her mobile. → ....
5. It's a good CD. → ....

SCORE ..../5

Be à la forme négative

- Pour obtenir la **forme négative** de *be*, on ajoute la négation après le verbe. Sauf à la 1re personne du singulier, on a le choix entre deux formes contractées.

Au singulier		**Au pluriel**	
Forme pleine	**Forme contractée**	**Forme pleine**	**Forme contractée**
I am not	I'm not	we are not	we're not / we aren't
you are not	you're not / you aren't	you are not	you're not / you aren't
he is not	he's not / he isn't	they are not	they're not / they aren't

3 À partir des mots de chaque liste, forme une phrase négative. Attention au mot intrus : barre-le !

1. boys / in / is / the / garden / are / the / not

....

2. I / not / from / 'm / is / London

....

3. it / an / aren't / isn't / English / bus

....

4. the / sandwiches / bread / aren't / kitchen / the / in

....

SCORE ..../4

ATTENTION
Prends garde à bien placer la négation *not* après le verbe.

Les réponses brèves avec *be*

- En anglais, on répond rarement à une question par *yes* ou *no* utilisés seuls. On reprend le sujet, sous forme de **pronom personnel**, et l'**auxiliaire**.

  *Is your mother at home? – **Yes, she is.***

  *Is it an apple? – **No, it isn't.***

- **Attention !** Dans une réponse affirmative, on ne doit pas employer la forme contractée.

4 Relie la question et la réponse brève qui vont ensemble.

Is Elton John a clown? •	• No, they aren't.
Are you American? •	• Yes, it is.
Are we late? •	• No, he isn't.
Is Lucy a pianist? •	• Yes, I am.
Are your parents at home? •	• Yes, we are.
Is it a new book? •	• No, she isn't.

SCORE ..../6

INFO
Dans une réponse brève commençant par *yes*, on n'emploie pas la forme contractée.

Corrigés p. 7

TOTAL ..../ 22

LE GROUPE VERBAL

12 Be au présent (2)

There is, there are à la forme affirmative

- *There is* et *there are* sont deux expressions utilisant le verbe *be* qui permettent de **parler de l'existence ou de l'absence** d'une chose ou d'une personne.
- *There is* est suivi d'un nom singulier ; *there are*, d'un nom pluriel. *Be* s'accorde donc ici avec le nom qui suit.

  There is a tree *in the garden.* Il y a un arbre dans le jardin.
  There are five trees *in the garden.* Il y a cinq arbres dans le jardin.

  On peut contracter *there is* : on obtient *there's*.
  On ne peut pas contracter *there are*.

★ 1 Complète avec *there is* ou *there are*.

1. .... seven days in a week.
2. .... a big poster in the classroom.
3. .... a lot of noise.
4. .... three rooms in my house.

SCORE ..../4

COUP DE POUCE
Pour choisir entre *there is* et *there are*, demande-toi si le nom qui suit est au singulier ou au pluriel.

There is, there are aux formes interrogative et négative

- À la forme interrogative, on fait l'inversion : on emploie *Is there?* ou *Are there?*

  Is there *a letter for me?* Est-ce qu'il y a une lettre pour moi ?
- À la forme négative, on emploie *there isn't* ou *there aren't*.

  There isn't *any bread.* Il n'y a pas de pain.

★★ 2 Un bruit bizarre t'a empêché d'entendre l'indication de nombre contenue dans chacune de ces phrases. Pose la question qui te permettra de la connaître.
Ex. : *There are ??? cakes in the kitchen.* → ***How many*** *cakes* ***are there*** *in the kitchen?*

1. There are ??? books on the table. → .... ?
2. There are ??? flowers in the vase. → .... ?
3. There are ??? shoes under the bed. → .... ?
4. There are ??? CDs near the lamp. → .... ?

SCORE ..../4

ATTENTION
Pour poser une question sur le nombre, on emploie *how many* suivi d'un nom au pluriel.

Les réponses brèves avec *there is, there are*

- Voici quelques exemples.

  Is there a plant in your room? – ***Yes, there is.***
  Is there a western on TV? – ***No, there isn't.***
  Are there many posters? – ***Yes, there are.***
  Are there cartoons? – ***No, there aren't.***

★ 3 **Regarde le dessin et donne des réponses brèves aux questions.**

1. Is there a boy on the bed? ....
2. Is there a woman in the room? ....
3. Is there a poster on the wall? ....
4. Is there an armchair near the door? ....
5. Is there a plant under the window? ....
6. Are there books on the desk? ....

SCORE ..../6

COUP DE POUCE
On ne peut pas utiliser la forme contractée dans une réponse brève affirmative.

D'autres expressions avec *be*

- Plusieurs expressions ne contenant pas le verbe *être* en français se construisent avec *be* en anglais. Apprends à les reconnaître.

  I'm *eleven.* J'ai onze ans.
  I'm *cold, warm, hot.* J'ai froid, chaud, très chaud.
  I'm *hungry.* J'ai faim.
  I'm *thirsty.* J'ai soif.
  I'm *well (I'm fine).* Je vais bien.
  It's *fine today.* Il fait beau aujourd'hui.

★★ 4 **Comment dirais-tu que... ?**

1. il fait très froid aujourd'hui → ....
2. Brian a 12 ans → ....
3. il n'a pas faim mais il a soif → ....
4. tu vas bien → ....

SCORE ..../4

ATTENTION
N'oublie pas qu'en anglais ces expressions se construisent avec le verbe *be*.

Corrigés p. 7-8

TOTAL ..../ 18

13 Have got

Have got à la forme affirmative

- *Have got* sert à **parler de ce que l'on possède**. Cette forme permet également d'exprimer les liens de parenté.
- *Have* se conjugue et *got* reste invariable.
- À la 3e personne du singulier, ne confonds pas les formes contractées de *be* et de *have*.

  *She's **got** a cat.* Elle a un chat.
  She's a singer. Elle est chanteuse.

La forme contractée de *be* n'est pas suivie de *got*.

Forme pleine	Forme contractée
I have got	I've got
you have got	you've got
he, she, it has got	he, she, it's got
we have got	we've got
you have got	you've got
they have got	they've got

COUP DE POUCE
On emploie également *have got* pour parler des liens de parenté.
She has got a daughter veut dire : Elle a une fille.

1 Regarde l'arbre généalogique et trouve de qui il s'agit.

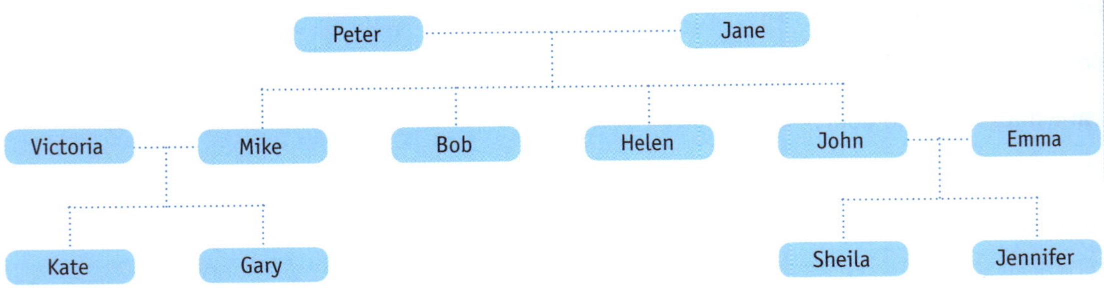

1. She has got three brothers. Her name is ....
2. They have got four children. Their names are .... and ....
3. He has got two children. His wife's name is Victoria.
His name is ....
4. She has got two daughters. Her name is ....
5. He has got two uncles. His name is ....

SCORE ..../6

Have got à la forme interrogative

- Pour construire la **forme interrogative**, on fait passer l'auxiliaire *have* avant le sujet.

have I got?	have we got?
have you got?	have you got?
has he / she / it got?	have they got?

★ 2 Remets les mots dans le bon ordre pour déchiffrer le message que Dave a reçu.

1. got / I've / beautiful / dog / a /.

....

2. you / got / dog / a / have / too / ?

....

3. sister / has / my / hamsters / two / got /.

....

4. got / your / have / any / brothers / pets / ?

....

SCORE ..../4

ATTENTION
N'oublie pas de faire l'inversion lorsqu'il s'agit d'une question.

Have got à la forme négative. Les réponses brèves avec *have got*

- Pour obtenir la **forme négative**, on ajoute la négation *not* après l'auxiliaire *have*.
Les formes contractées sont plus souvent utilisées que les formes pleines.

Forme pleine	Forme contractée
I have not got	I haven't got
you have not got	you haven't got
he, she, it has not got	he, she, it hasn't got
we have not got	we haven't got
you have not got	you haven't got
they have not got	they haven't got

- Voici des exemples de **réponses brèves** avec *have got*.
  Have your parents got a piano? – ***Yes, they have.***
  Has your sister got a car? – ***No, she hasn't.***

Attention ! Dans une réponse affirmative, on ne doit pas employer la forme contractée.

★★ 3 Regarde les dessins et réponds aux questions.

Ex. : *Has John got a cat?*
– No, he hasn't. He has got a dog.

1. Has Susan got a bike?
– ....
....

2. Has he got a rabbit?
– ....
....

3. Have they got a small dog?
– ....
....

SCORE ..../3

INFO
Utilise le mot *goldfish* (poisson doré) pour désigner le poisson rouge.

Corrigés p. 8

TOTAL .... / 13

LE GROUPE VERBAL

14 Can et can't

Les auxiliaires modaux

- *Can* est un **auxiliaire modal**. Les auxiliaires modaux modifient le sens des verbes qu'ils accompagnent. Ils peuvent exprimer la capacité ou l'incapacité à faire quelque chose, l'obligation ou l'interdiction de faire quelque chose, etc.
- **Règles générales d'utilisation**
  - Les auxiliaires modaux sont suivis de la base verbale (verbe à l'infinitif sans *to*).
  - Ils ont la même forme à toutes les personnes.
  - Ils se conjuguent sans *do* aux formes interrogative et négative.
    (À la forme interrogative, l'auxiliaire modal est placé avant le sujet.)

★ **1** **Vrai ou faux ? Coche les bonnes réponses.**

	Vrai	Faux
1. Un auxiliaire modal est toujours accompagné d'un verbe.	❑	❑
2. Ce verbe est sous la forme V-*ing*.	❑	❑
3. Un auxiliaire modal est invariable.	❑	❑
4. À la forme interrogative, il se place avant le sujet.	❑	❑

SCORE ..../4

COUP DE POUCE
N'oublie pas qu'un auxiliaire modal est toujours suivi de la base verbale.

Can

- Voici les **différentes significations** que peut prendre *can*.

Exemple	Signification
He ***can*** *carry the big suitcase.* Il peut porter la grosse valise. ***Can*** *you speak English?* Savez-vous parler anglais ?	capacité physique ou intellectuelle (traduit parfois par « savoir »)
Can *I go out tonight?* Est-ce que je peux sortir ce soir ?	permission
Can *you give me a pen?* Peux-tu me donner un stylo ?	demande polie

★★ **2** **Observe l'exemple et continue.**

Ex. : *can / I / tennis / play*
– *I can play tennis.*
Can you play tennis too?

1. swim / can / I
....
.... ?

COUP DE POUCE
On construit la question en faisant passer l'auxiliaire modal avant le sujet.

Chouette

6e

11-12 ANS

Le guide

Anglais

Les corrigés des exercices
Tous les corrigés détaillés, avec des explications complémentaires

Les scripts des podcasts audio
10 podcasts en téléchargement sur le site, pour s'entraîner à l'oral

Des infos parents
Au centre du livret, des informations sur le programme et des conseils pour aider votre enfant dans son travail

Hatier

TEST (pages 4 et 5)

LE GROUPE NOMINAL

1. A lot of children are playing in the park.
2. an orange
3. I don't (do not) go to school on Sundays.
4. Can I have some bread, please?
5. This is my teacher. He's American.
6. whose
7. Look at that boat!
8. He is working with us.
9. My cousins are driving an Italian car.
10. I'm going to my uncle's.

LE GROUPE VERBAL

11. No, they aren't.
12. There are
13. Clara has got two sisters but she hasn't got any brothers.
14. Can/May I go to the swimming pool?
15. You mustn't smoke.
16. He doesn't speak Italian well, but he understands it.
17. What are you drinking?
18. I play basketball.
19. Marilyn Monroe was a famous American actress, wasn't she?
20. Marlon didn't phone Jeremy yesterday.
21. I am going to visit London next weekend.
22. Give me that book! – Don't open the window!
23. I like this music very much.

LA PHRASE

24. How many stamps have you got?
25. isn't he?
26. 99 – 321
27. nine o'clock (*ou* half past eight *ou* half past nine) (*neuf heures ou huit heures et demie ou neuf heures et demie*)

1 Les noms

1

Noms dénombrables	Noms indénombrables
chair, book, dog, knife, shoe	bread, salt, money

EXPLICATION
Les noms indénombrables font référence à une certaine quantité de quelque chose : ici de pain (*bread*), de sel (*salt*), d'argent (*money*).

2 **1.** animals [z] • **2.** buses [ɪz] • **3.** watches [ɪz] • **4.** drinks [s] • **5.** chickens [z] • **6.** brushes [ɪz] • **7.** banks [s] • **8.** letters [z] • **9.** hats [s] • **10.** foxes [ɪz]

EXPLICATION
Les noms *buses* (des bus), *watches* (des montres), *brushes* (des brosses), *foxes* (des renards) font leur pluriel en *-es* et cette terminaison se prononce [ɪz].

3 **1.** The dog isn't in the garden.
→ The dogs aren't in the garden.
2. Is the child playing?
→ Are the children playing?
3. The postman is bringing a letter.
→ The postmen are bringing letters.

4

2 L'article indéfini *a / an*

1 **1.** a woman une femme • **2.** an apple une pomme • **3.** an umbrella un parapluie • **4.** a university une université • **5.** an escalator un escalator • **6.** an hour une heure • **7.** an Indian restaurant un restaurant indien

EXPLICATION
Attention, le nom *hour* commence par un *h* muet; on emploie donc l'article *an*, qui permet de faire la liaison.

2 **1.** My mother is a teacher. • **2.** He's coming in half an hour. • **3.** He's an American actor. • **4.** She's wearing a yellow dress. • **5.** There are Ø cars in the street. • **6.** They're Ø actors, not Ø singers.

EXPLICATION
Dans les phrases 5 et 6, les noms étant employés au pluriel, on emploie l'« article zéro ».

3 **1.** Zidane is a football player. • **2.** Leonardo DiCaprio is an actor. • **3.** Barack Obama is a politician. • **4.** Céline Dion and Elton John are singers.

4 **1.** Is she a doctor? No, she isn't. She's a dentist. • **2.** Is she a hairdresser? No, she isn't. She's a nurse. • **3.** Are they engineers? No, they aren't. They're architects. • **4.** Is he a gardener? No, he isn't. He's a policeman. • **5.** Is he a librarian? No, he isn't. He's a bookseller.

3 L'article défini *the*

1 **1.** Il y a un oiseau dans l'arbre.
→ There is a bird in the tree.
2. L'oiseau chante.
→ The bird is singing.
3. Il y a des dauphins dans la mer.
→ There are dolphins in the sea.
4. Les dauphins nagent.
→ The dolphins are swimming.

2 **1.** the egg • **2.** the hat • **3.** the orange • **4.** the bus • **5.** the flower • **6.** the car • **7.** the umbrella • **8.** the tickets • **9.** the university • **10.** the yellow tee-shirt

EXPLICATION
Le u de *university* se prononce [ju], ce qui explique pourquoi *the* ne se prononce pas [ðɪ].

3 **1.** Give me the white cup, please. • **2.** I love Ø American films. • **3.** I don't like Ø vegetable soup. • **4.** I like the soup my grandmother makes. • **5.** Put the book on the table.

EXPLICATION
Dans les phrases 1, 4 et 5, *the* détermine un nom qui désigne un objet bien précis.

4 **1.** I often play Ø tennis on Ø Saturdays. • **2.** Ø Dinner is not ready. • **3.** I like Ø music but I don't like Ø sport. • **4.** I like the music of this film.

EXPLICATION
On omet l'article *the* devant les noms de repas (*dinner*), de disciplines scolaires et de sports (*music*, *sport*, *tennis*).

5 Buy eggs, milk, toothpaste, apples and the newspaper.

EXPLICATION
▸ Devant les noms indénombrables (*milk* et *toothpaste*) comme devant les noms au pluriel (*eggs* et *apples*), on a recours à l'article Ø. Voir l'unité 2.
▸ On utilise *the* (et non pas *a*) devant *newspaper* parce qu'on fait référence au journal du jour.

4 *Some, any, a lot of*

1 **1.** There is some cheese in the fridge. • **2.** There is some chicken. • **3.** There are some eggs. • **4.** There are some tomatoes.

EXPLICATION
Some peut être suivi d'un nom dénombrable au pluriel ou d'un nom indénombrable.

2 **1.** I haven't got any time. • **2.** Can I have some salt, please? • **3.** Is there any sugar in the cake? • **4.** Do you want some orange juice? • **5.** Have you got any friends in London?

EXPLICATION
Dans les phrases interrogatives 2 et 4, on utilise *some* car on attend une réponse affirmative.

3 **1.** Are there any sweets in your pencil case?
– No, there aren't any. There are some pens.
2. Are there any shoes in the box?
– No, there aren't any. There are some scarves.

3. Is there any cake in the plate?
– No, there isn't any. There are some apples.
4. Are there any cars in the garage?
– No, there aren't any. There are some bicycles / bikes.

EXPLICATION
Toutes les réponses brèves sont négatives, il faut donc utiliser *any*, mais en sous-entendant le nom sans le répéter.

4 **1.** tu as beaucoup de CD.
→ I've got a lot of CDs.
2. tu as beaucoup d'amis.
→ I've got a lot of friends.
3. tu as beaucoup de devoirs.
→ I've got a lot of homework.
4. tu as beaucoup de temps le mercredi.
→ I've got a lot of time on Wednesdays.

EXPLICATION
Remarque que les noms *homework* et *time* sont indénombrables.

5 Les déterminants possessifs

1 **1.** Peter and John are with their cousins. • **2.** We like our new classroom. • **3.** I always take the bus with my sister. • **4.** Mr and Mrs Waknin love their new car. • **5.** Have you got your tennis racket?

2 **1.** The little boy is with his mother. • **2.** Look at the house: its roof is high. • **3.** Lloyd is in his room. • **4.** The girl is playing in her room. • **5.** Is Allison working with her friend?

EXPLICATION
Devant le nom *roof* (« toit »), on utilise le déterminant neutre *its*, pour faire référence à la maison (« son toit » = « le toit de la maison »).

3 **1.** It's Mary's bag. It's her bag. • **2.** It's Elton's piano. It's his piano. • **3.** It's Mr and Mrs Brown's car. It's their car. • **4.** Look at the bird's nest. Look at its nest. • **5.** It's the children's room. It's their room.

EXPLICATION
Quand il y a plusieurs possesseurs (phrases 3 et 5), il faut penser à utiliser *their*.

4 **1.** my friends / bikes
Whose bikes are they? They're their bikes.
2. Maureen / shoes
Whose shoes are they? They're her shoes.
3. Cathy and I / computer
Whose computer is it? It's our computer.

5 **1.** Ben is my uncle. He's very nice. • **2.** William doesn't brush his teeth after lunch. • **3.** Is Michael reading his book? • **4.** Look at Stan, he's sad.

6 **1.** The bird is in its nest. • **2.** Look at this baby: it's very small. • **3.** Look at the car. I like its colour. • **4.** Where is the key? It's in my pocket.

EXPLICATION
Dans les phrases 1 et 3, on fait référence à un possesseur neutre (*the bird, the car*) ; il faut donc employer *its*.

6 Le génitif

1 **1.** Who is Alfred?
→ He's John's father, Sydney's grandfather, Sacha's grandfather, Samantha's grandfather.
2. Who is Mary?
→ She's John's mother, Sacha's grandmother, Sydney's grandmother, Samantha's grandmother.
3. Who is John?
→ He's Alfred's son, Mary's son, Sydney's father, Sacha's father, Samantha's father.
4. Who is Samantha?
→ She's John's daughter, Juliet's daughter, Sydney's sister, Sacha's sister.

EXPLICATION
Ici, le génitif dit le lien entre les membres de la famille.

2 **1.** Cameron is my mother's nephew's brother. He is my cousin. • **2.** Kate is my father's wife's daughter. She is my sister. • **3.** Jane married my grandfather's son's brother. She married my uncle. She is my aunt. • **4.** Macho is my brother's daughter's dog. It's my niece's dog.

EXPLICATION
Note qu'on peut doubler les cas possessifs : *my brother's daughter's dog*, le chien de la fille de mon frère. L'expression est longue mais possible...

3 **1.** les jouets des enfants → the children's toys
2. la chambre de tes parents → my parents' room
3. des chaussures d'hommes → men's shoes
4. la voiture de tes cousins → my cousins' car

EXPLICATION
Dans les phrases 1 et 3, on utilise les pluriels irréguliers *children* et *men*, suivis de la marque complète du génitif.

4 **1.** Whose pen is it?
– It's my mother's pen. It's her pen.
2. Whose socks are they?
– They're Philip's socks. They're his socks.
3. Whose cat is it?
– It's the Browns' cat. It's their cat.
4. Whose glasses are they?
– They're Mrs Barret's glasses.
They're her glasses.
5. Whose newspaper is it?
– It's Allison's newspaper. It's her newspaper.

EXPLICATION
Dans chaque phrase, on utilise d'abord le génitif (*mother's pen*) puis un déterminant possessif (*her pen*).

7 *This* et *that*

1 **1.** These pens are John's. → This pen is John's.
2. Those roses are beautiful. → That rose is beautiful.
3. These cakes are very good. → This cake is very good.
4. These exercises are easy. → This exercise is easy.

EXPLICATION
Au singulier, *these* devient *this*, *those* devient *that*.

2 **1.** What's this? It's a letter. • **2.** What's that? It's a bird. • **3.** What's this? It's a mobile.

3 **1.** Hello! This is Fred. • **2.** This is Mrs Winston. • **3.** Who's that? • **4.** What are those?

8 Les pronoms personnels

1 **1.** His sister is coming to the party.
→ She is coming to the party.
2. My cousin Peter lives in New York.
→ He lives in New York.
3. Your parents are never late.
→ They are never late.
4. Her brother and I often go to concerts.
→ We often go to concerts.

EXPLICATION
- Vérifie que tu as bien mis *we* pour *her brother and I*.
- Attention à *his sister*! C'est *sister* que tu prends en compte pour choisir le pronom personnel qui convient.

2 **1.** These tourists can't speak French.
Help them.
2. We're late! Take us to the airport.
3. I'm hungry; give me a sandwich.
4. Those chairs are broken; repair them.

3 **1.** Look at my mother.
→ Look at her.
2. Where are the children?
→ Where are they?
3. He's playing with my sister and me.
→ He's playing with us.
4. What colour is your car?
→ What colour is it?

4 **1.** help / you / us / can / ?
→ Can you help us?
2. buy / a / car / they / can't / new
→ They can't buy a new car.
3. piece / her / give / a / cake / of
→ Give her a piece of cake.

EXPLICATION
Vérifie que tu as bien placé les pronoms personnels compléments après le verbe.

5 • Are we going to the circus? → Yes, we are.
• Can you swim? → No, I can't.
• Is Jane reading? → Yes, she is.
• Is John smoking? → No, he isn't.
• Is it raining? → Yes, it is.

EXPLICATION
Note que les formes négatives sont contractées : *isn't*, *can't*.

9 Les adjectifs qualificatifs

1 **1.** The blue mobile is expensive
→ The blue mobiles are expensive.
2. His cousin is tall.
→ His cousins are tall.
3. The chair is comfortable.
→ The chairs are comfortable.
4. Is your bike new? → Are your bikes new?
5. This is my new friend. → These are my new friends.
6. Is it my glass? → Are they my glasses?

2 **1.** It's a drink. It's cold.
→ It's a cold drink.
2. It's an armchair. It's comfortable.
→ It's a comfortable armchair.
3. It's an exercise. It's difficult.
→ It's a difficult exercise.
4. It's a pen. It's expensive.
→ It's an expensive pen.
5. It's a message. It's important.
→ It's an important message.
6. It's a taxi. It's red.
→ It's a red taxi.

EXPLICATION
Il faut utiliser l'article *an* quand l'adjectif commence par une voyelle. C'est le cas des phrases 4 et 5.

3 **1.** It's a big dog. • **2.** It's a dirty T-shirt. • **3.** They're heavy boxes. • **4.** It's an old house. • **5.** She's a tall woman.

EXPLICATION
▶ Vérifie que tu as bien placé l'adjectif épithète devant le nom.
▶ Attention! Pas d'article *a* devant un nom pluriel dans la phrase 3.

4 **1.** young / is / a / she / very / doctor
→ She is a very young doctor.
2. wearing / a / dirty / is / he / sweater
→ He is wearing a dirty sweater.
3. an / this / Italian / is / restaurant / ?
→ Is this an Italian restaurant?
4. teacher / her / English / nice / patient / and / is
→ Her English teacher is nice and patient.

5 **1.** un champion italien → an Italian champion
2. une chanteuse espagnole → a Spanish singer
3. un peintre français → a French painter

EXPLICATION
En anglais, les adjectifs de nationalité s'écrivent avec une majuscule.

10 Les prépositions de lieu

1 **1.** Is the man in the car?
– No, he is under the car.
2. Is the girl on the tree?
– No, she is behind the tree.
3. Is the ladder behind the door?
– No, it is between the door and the window.

EXPLICATION
Pour décrire la place précise de l'échelle entre la porte et la fenêtre, il faut employer la préposition *between* (entre).

2 **1.** There's a boat on the river. • **2.** A boy's having a bath in the river. • **3.** Three cars are parked near the tree. • **4.** A dog is running to the fisherman.

EXPLICATION
Vérifie que le chien que tu as dessiné se dirige vers le pêcheur (préposition *to*).

3 FRED. – Hi Peter! This is Sally, my American penfriend.
PETER. – Hi Sally! Where are you from?
SALLY. – I'm from Denver, Colorado.
PETER. – Where are you staying?
SALLY. – I'm staying at my cousins'. They're French. They live two blocks from the swimming pool.
FRED. – Peter, we're going to a fast-food restaurant. Do you want to come with us?
PETER. – Too bad! Not tonight. I must go to my grandparents'. Why not tomorrow?

SALLY. – Tomorrow I'm going back to the States… So maybe next year.

EXPLICATION
They live two blocks from the swimming pool. Ils habitent à deux « pâtés de maison » de la piscine (la piscine est le point de départ à partir duquel on mesure la distance).

11 *Be* au présent (1)

1 **1.** You are English but I am from Canada. • **2.** My friend Lucy is Canadian too. • **3.** She is eleven. • **4.** We are in Montreal. • **5.** It is 3 p.m. in Montreal. • **6.** My parents are at work.

EXPLICATION
Avec le sujet *you*, on doit employer la forme verbale *are* même si l'on s'adresse à une seule personne.

2 **1.** They're from Japan. → Are they from Japan?
2. Bob's American. → Is Bob American?
3. They're in the classroom.
→ Are they in the classroom?
4. That's her mobile. → Is that her mobile?
5. It's a good CD. → Is it a good CD?

EXPLICATION
Il est impossible de commencer une phrase par une apostrophe. Pour construire la forme interrogative, on remet donc d'abord l'auxiliaire *be* à la forme entière. Puis on le fait passer avant le sujet.

3 **1.** boys / in / ~~is~~ / the / garden / are / the / not
The boys are not in the garden.
2. I / not / from / 'm / ~~is~~ / London
I'm not from London.
3. it / an / ~~aren't~~ / isn't / English / bus
It isn't an English bus.
4. the / sandwiches / ~~bread~~ / aren't / kitchen / the / in
The sandwiches aren't in the kitchen.

EXPLICATION
- Phrase 1, mot intrus : is. On ne peut pas utiliser *is* car le sujet est au pluriel.
- Phrase 2, mot intrus : is. On ne peut pas utiliser *is* car le sujet est à la 1re personne du singulier.
- Phrase 3, mot intrus : *aren't*. On ne peut pas utiliser *aren't* car le sujet est au singulier.
- Phrase 4, mot intrus : *bread*. On ne peut pas utiliser le mot *bread* car le verbe est au pluriel.

4

Is Elton John a clown?	No, they aren't.
Are you American?	Yes, it is.
Are we late?	No, he isn't.
Is Lucy a pianist?	Yes, I am.
Are your parents at home?	Yes, we are.
Is it a new book?	No, she isn't.

EXPLICATION
Note qu'on aurait pu aussi associer la question 2 et l'avant-dernière réponse (*Yes, we are*) : *you* peut désigner plusieurs personnes.

12 *Be* au présent (2)

1 **1.** There are seven days in a week. • **2.** There is a big poster in the classroom. • **3.** There is a lot of noise. • **4.** There are three rooms in my house.

EXPLICATION
On emploie *there is* lorsque le nom qui suit (*poster, noise*) est au singulier, et *there are* lorsque le nom qui suit (*days, rooms*) est au pluriel.

2 **1.** There are ??? books on the table.
→ How many books are there on the table?
2. There are ??? flowers in the vase.
→ How many flowers are there in the vase?
3. There are ??? shoes under the bed.
→ How many shoes are there under the bed?
4. There are ??? CDs near the lamp.
→ How many CDs are there near the lamp?

EXPLICATION
Puisqu'il s'agit d'une question, il faut faire passer l'auxiliaire *are* avant le sujet *there* (inversion).

3 **1.** Is there a boy on the bed? Yes, there is. • **2.** Is there a woman in the room? No, there isn't. • **3.** Is there a poster on the wall? Yes, there is. • **4.** Is there an armchair near the door? No, there isn't. • **5.** Is there a plant under the window? No, there isn't. • **6.** Are there books on the desk? Yes, there are.

EXPLICATION
La forme contractée peut s'utiliser à la forme négative mais ne s'utilise jamais dans les réponses affirmatives.

4 **1.** il fait très froid aujourd'hui
→ It is very cold today.
2. Brian a 12 ans → Brian is twelve (years old).
3. il n'a pas faim mais il a soif
→ He isn't hungry but he is thirsty.
4. tu vas bien → I am fine / well.

EXPLICATION
Pour parler de l'âge de Brian, on peut juste donner le nombre correspondant à l'âge (*Brian is twelve*) ou utiliser la structure complète (*Brian is twelve years old*).

13 *Have got*

1 **1.** She has got three brothers. Her name is Helen. • **2.** They have got four children. Their names are Peter and Jane. • **3.** He has got two children. His wife's name is Victoria. His name is Mike. • **4.** She has got two daughters. Her name is Emma. • **5.** He has got two uncles. His name is Gary.

EXPLICATION
On emploie les déterminants possessifs *her* quand il s'agit d'un possesseur féminin et *his* pour un possesseur masculin.

2 **1.** got / I've / beautiful / dog / a / .
→ I've got a beautiful dog.
2. you / got / dog / a / have / too / ?
→ Have you got a dog too?
3. sister / has / my / hamsters / two / got / .
→ My sister has got two hamsters.
4. got / your / have / any / brothers / pets / ?
→ Have your brothers got any pets?

EXPLICATION
Observe la phrase 2 : lorsque le mot *too* signifie «aussi, également», on doit le placer à la fin de la phrase.

3 **1.** – Has Susan got a bike?
No, she hasn't. She has got a car.
2. – Has he got a rabbit?
No, he hasn't. He has got a goldfish.
3. – Have they got a small dog?
No, they haven't. They have got a big dog.

EXPLICATION
Après chaque réponse brève, on aurait pu employer une forme contractée. Phrase 1 : *she's got...*; phrase 2 : *he's got...*; phrase 3 : *they've got...*

14 *Can* et *can't*

1

	Vrai	Faux
1. Un auxiliaire modal est toujours accompagné d'un verbe.	☒	☐
2. Ce verbe est sous la forme V-*ing*.	☐	☒
3. Un auxiliaire modal est invariable.	☒	☐
4. À la forme interrogative, il se place avant le sujet.	☒	☐

EXPLICATION
Les auxiliaires modaux sont invariables : ils ne prennent pas de *-s* à la 3e personne du singulier.

2 **1.** swim / can / I
– I can swim. Can you swim too?
2. horse / ride / can / I / a
– I can ride a horse. Can you ride a horse too?
3. I / ski / can / well / very
– I can ski very well. Can you ski (very well) too?

EXPLICATION
On n'utilise pas l'auxiliaire *do* pour construire la forme interrogative d'un auxiliaire modal.

3 **1.** Kevin can play the piano. Cindy can't play the piano. • **2.** Kevin can't speak French. Cindy can speak French. • **3.** Kevin can't dance. Cindy can dance. • **4.** Kevin can make cakes. Cindy can't make cakes.

EXPLICATION
La forme négative pleine *cannot* est très peu employée, on utilise *can't* pour exprimer la négation.

4 **1.** Horses can't fly. • **2.** Lions can run very fast. • **3.** Elephants can't play football. • **4.** Kangaroos can jump. • **5.** Hippos can't ski. • **6.** Fish can't speak English.

15 *Must* et *mustn't*

1 **1.** must / you / your / tidy / room
→ You must tidy your room.
2. bed / your / make / must / you
→ You must make your bed.
3. hoovering / the / must / you / do
→ You must do the hoovering.
4. you / do / shopping / the / must
→ You must do the shopping.

5. out / dog / must / the / take / you
→ You must take the dog out.

EXPLICATION
You must suivi de la base verbale exprime l'ordre.

2 1. Susan is sleeping on the floor.
She mustn't sleep on the floor.
She must sleep in her bed.
2. Bill is cooking in the bathroom.
He mustn't cook in the bathroom.
He must cook in the kitchen.
3. The children are doing their homework in the hall.
They mustn't do their homework in the hall.
They must do their homework in their room.
4. Ben is putting the bottles of milk on the T.V. set.
He mustn't put the bottles of milk on the TV set.
He must put them in the fridge.

3 1. Can I go to the swimming pool?
– No, you can't. You must do your homework.
2. Can you come to Joe's birthday party?
– Yes, I can. But I must tidy my room before going out.

EXPLICATION
Dans les questions, l'auxiliaire modal est placé avant le sujet. Dans les réponses brèves, l'auxiliaire modal suit le sujet.

4

	Capacité	Impossibilité	Obligation	Interdiction
1. You mustn't smoke.	☐	☐	☐	☒
2. He can speak Italian.	☒	☐	☐	☐
3. She can run very fast.	☒	☐	☐	☐
4. He must do his homework.	☐	☐	☒	☐
5. I can't come today. I'm ill.	☐	☒	☐	☐
6. You mustn't drive too fast.	☐	☐	☐	☒

EXPLICATION
- Phrase 1 : Vous ne devez pas fumer. C'est interdit.
- Phrase 2 : Il sait parler italien. Il en a la capacité.
- Phrase 5 : Je suis malade. Je suis donc dans l'impossibilité de venir aujourd'hui.

5 1. Susan must get up at half ???.
→ What time must Susan get up?
2. You can have ???after dinner.
→ What can I have after dinner?
ou What can we have after dinner?
3. They must go to ???. → Where must they go?
4. They must call Mr ???. → Who must they call?
5. Peter can go to the restaurant on ???.
→ When can Peter go to the restaurant?

EXPLICATION
- Dans ces questions, l'ordre des mots est toujours le même : mot interrogatif + auxiliaire modal + sujet + verbe.
- Dans les phrases 2 et 5, le verbe est suivi d'un complément.

16 Le présent simple

1 The boys • • Mr and Mrs Todd
Jenny • — • speaks English • — • Helen
My sister • • My parents

Jenny speaks English. My sister speaks English. Helen speaks English.

EXPLICATION
On ne peut pas construire de phrases avec les sujets *Mr and Mrs Todd*, *The boys* et *My parents* car ces sujets correspondent à une 3ᵉ personne du pluriel.

2

	Aux.	Sujet	Base verb.	Complément
1. you / do / hamburgers / like / ?	Do	you	like	hamburgers?
2. your / tennis / does / play / sister / ?	Does	your sister	play	tennis?
3. their / speak / French / do / children / ?	Do	their children	speak	French?
4. take / does / he / the / bus / ?	Does	he	take	the bus?
5. TV / day / do / watch / you / every / ?	Do	you	watch	TV every day?

3 1. They get up early.
2. Sandy drinks tea.
3. She likes tea very much.
4. Her parents prefer coffee.
5. They drink white coffee.

Forme interrogative
1. Do they get up early?
2. Does Sandy drink tea?
3. Does she like tea very much?
4. Do her parents prefer coffee?
5. Do they drink white coffee?

Forme négative
No, they don't get up early.
No, Sandy doesn't drink tea.
No, she doesn't like tea very much.
No, her parents don't prefer coffee.
No, they don't drink white coffee.

EXPLICATION
Au présent simple, on utilise l'auxiliaire *do* aux formes interrogative et négative. *Do* devient *does* à la 3e personne du singulier.

4 1. Does your brother like cheese? – Yes, he does.
2. Do you play squash? – Yes, I do./we do.
3. Does Peter often wear jeans? – No, he doesn't.
4. Do your parents want to sleep? – No, they don't.
5. Do you help your sister? – No, I don't./we don't.

EXPLICATION
▸ On reprend l'auxiliaire dans toutes les réponses brèves.
▸ Lorsque l'on répond par non, on ajoute la négation à l'auxiliaire.

17 Le présent en *be* + V-*ing*

1 We are in the living room. • 1. I am listening to my Walkman. • 2. Ann is reading a book. • 3. David is playing computer games. • 4. Mark is watching a DVD. 5. Our parents are drinking a cup of tea. • 6. We are waiting for our cousins.

EXPLICATION
L'auxiliaire *be* est conjugué au présent et il s'accorde avec le sujet. La base verbale prend la terminaison en -*ing* et reste invariable.

2 1. What are you doing? – I am watching a cartoon.
2. What are you doing? – We are speaking.
3. What are they doing? – They are playing golf.
4. What is he doing? – He is drinking.
5. What is she doing? – She is looking at a photo.

EXPLICATION
▸ Toutes les questions présentent la même construction que la phrase d'exemple avec inversion du sujet.
▸ Les questions 1 et 2 sont les mêmes : le sujet *you* permet de s'adresser à une ou à plusieurs personnes.

3 1. Peter is eating a ???. → What is Peter eating?
2. Lucy is phoning her ???. → Who is Lucy phoning?
3. The children are going to ???.
→ Where are the children going?
4. Bob and Sally are watching a ???.
→ What are Bob and Sally watching?
5. Shirley is ??? in her room. → What is Shirley doing?
6. Lucas is playing football at ???.
→ What time is Lucas playing football?

EXPLICATION
▸ Phrase 2 : On utilise *who* car on pose une question sur l'identité de la personne. On demande à qui Lucy téléphone.
▸ Phrase 3 : On utilise *where* car on pose une question sur le lieu.
▸ Phrase 5 : C'est le verbe qui est caché. On doit donc demander ce que Shirley est en train de faire.

4 1. Are the children working? – Yes, they are.
2. Is Mary listening to records? – Yes, she is.
3. Are you going to the stadium?
– No, I'm not/we aren't.
4. Is it raining? – No, it isn't.
5. Is Philip washing his sweater? – Yes, he is.
6. Are Romane and Emma sleeping? – No, they aren't.

EXPLICATION
Dans une réponse brève affirmative (avec *yes*), on n'emploie jamais de forme contractée.

18 Présent simple ou présent en *be* + V-*ing* ?

1 1. Helen is playing cards. ☐
2. Gary tidies his room every day. ☒
3. She's phoning her friend. ☐
4. They're listening to the radio. ☐

5. We never watch horror films. ☒
6. He always cooks dinner. ☒
7. Kevin plays football on Sundays. ☒
8. Sandy is sleeping. ☐

EXPLICATION
Les mots ou expressions *every day* (tous les jours), *never* (jamais), *always* (toujours), *on Sundays* (tous les dimanches) signalent des actions habituelles.

2 a. 1. Do you understand? • 2. Is Mary coming with us? • 3. Are Peter and Jane going to the circus? • 4. Does she take the bus every morning? • 5. Are you writing a letter? • 6. Is Dave making an omelette? • 7. Do your parents buy fruit every day?
b. Lorsqu'une question est au présent simple, on emploie la base verbale du verbe.

EXPLICATION
Les phrases 1, 4 et 7 sont au présent simple. Les questions doivent donc être construites avec l'auxiliaire *do*, qui devient *does* à la 3e personne du singulier.

3 1. Helen is writing a letter. → Is she writing a letter?
2. Bob buys a lot of chocolate.
→ Does he buy a lot of chocolate?
3. Karen is sitting on the sofa.
→ Is she sitting on the sofa?
4. Jane and Kate watch TV every day.
→ Do they watch TV every day?
5. The Browns are going to a party.
→ Are they going to a party?

EXPLICATION
Pour transformer les phrases affirmatives en questions, on a utilisé l'auxiliaire *do* pour les phrases 2 et 4 car elles sont au présent simple, et l'auxiliaire *be* pour les phrases 1, 3 et 5 car elles sont au présent en *be* + V-*ing*.

4 It is Sunday today.
1. Sally is in the bathroom: she is washing her hair. • 2. She always washes her hair on Sundays. • 3. Peter is in the kitchen: he is making a cake. • 4. He makes a cake every Sunday. • 5. Look! The children are helping him because they like cakes very much.

EXPLICATION
▸ On emploie le présent en *be* + V-*ing* pour parler de ce que Sally, Peter et les enfants font en ce moment.
▸ On emploie le présent simple pour parler de leurs habitudes et de leurs goûts.

5 1. On utilise le présent en *be* + V-*ing* pour parler :
☐ d'une action habituelle
☒ d'une action en train de se dérouler
2. Quelle est la phrase qui parle d'une action en train de se dérouler ?
☒ He is reading a magazine.
☐ They go to England every year.
☐ We watch TV on Sundays.
3. Dans une question au présent en *be* + *V-ing*, l'ordre des mots est : auxiliaire + sujet + base verbale + *-ing*
☒ Vrai ☐ Faux

19 *Be* au prétérit

1 1. Yesterday we were at the theatre. • 2. The theatre was in London, at Leicester Square. • 3. The play was very good. It was funny. • 4. The actors were wonderful. • 5. I was happy to go to the theatre and all my schoolfriends were happy too.

2 1. very / afternoon / was / it / sunny / yesterday
It was very sunny yesterday afternoon.
2. Tuesday / last / your / where / were / parents / ?
Where were your parents last Tuesday?
3. late / was / school / Jimmy / for / ?
Was Jimmy late for school?
4. were / my / born / parents / America / in
My parents were born in America.

EXPLICATION
▸ Les phrases 1 et 4 sont affirmatives ; l'auxiliaire se place donc après le sujet.
▸ Les phrases 2 et 3 sont interrogatives ; il faut faire l'inversion.

3 1. The Beatles were English. • 2. Christopher Columbus was not a famous painter. • 3. Elvis Presley was a rock singer. • 4. Shakespeare was not American. 5. Laurel and Hardy were famous actors.

EXPLICATION
▸ Dans les phrases 2 et 4, on aurait pu employer la forme contractée *wasn't*.

4 **1.** Was the window open? No, it wasn't.
2. Was the dog in the garden? Yes, he was.
3. Were you on holidays? No, I wasn't./No, we weren't.
4. Was Jennifer angry? No, she wasn't.
5. Were your parents at home? Yes, they were.

EXPLICATION
▸ Phrase 1 : *the window* représente un objet. On emploie donc le pronom sujet neutre *it* dans la réponse brève.
▸ Phrase 2 : pour parler d'un animal domestique, on n'emploie pas le neutre *it*. *The dog* est repris par le pronom personnel *he* dans la réponse brève.

20 Le prétérit : verbes réguliers et irréguliers

1 **1.** My friends liked the film. • **2.** I called my parents yesterday. • **3.** Jimmy looked at the photos two days ago. • **4.** The students asked a lot of questions. • **5.** We played tennis last week.

EXPLICATION
Quand la base verbale se termine déjà par un e, on ajoute seulement la lettre -d pour former le prétérit (phrase 1 : *like* → *liked*)

2 **1.** Last Monday, I went to the cinema with my aunt. • **2.** We saw a detective film. • **3.** After the film, we had dinner at a fast-food restaurant. • **4.** We bought some strawberry ice cream. • **5.** We took the bus to get back home.

3 **1.** It was my birthday yesterday. • **2.** My best friends were with me. • **3.** We played ball games in the garden. • **4.** My parents made a delicious cake. • **5.** I had some presents.
1. It wasn't my birthday yesterday.
2. My best friends weren't with me.
3. We didn't play ball games in the garden.
4. My parents didn't make a delicious cake.
5. I didn't have any presents.

EXPLICATION
▸ Les phrases 1 et 2 contiennent l'auxiliaire *be*. On accroche la négation directement à *was* qui devient *wasn't* et à *were* qui devient *weren't*.
▸ Pour les phrases 3, 4 et 5, on utilise *didn't* et on n'oublie pas de remettre le verbe à la base verbale.
▸ Dans la phrase 5, on emploie *any* au lieu de *some* car la phrase est négative.

4 **1.** Did your sisters bring their rackets?
– Yes, they did.
2. Did you like this book?
– No, I didn't. / we didn't.
3. Were you tired yesterday?
– No, I wasn't. / we weren't.
4. Did the teacher talk to you?
– Yes, he did. / she did.
5. Was the window open? – Yes, it was.

EXPLICATION
Dans les phrases 2 et 3, deux réponses sont possibles car la question contenant *you* peut s'adresser à une ou à plusieurs personnes.

21 L'expression de l'avenir

1 **1.** have tennis lessons • **2.** ride a mountain bike • **3.** swim in the sea • **4.** have picnics on the beach • **5.** play basketball
1. I am going to have tennis lessons.
2. I am going to ride a mountain bike.
3. I am going to swim in the sea.
4. I am going to have picnics on the beach.
5. I am going to play basketball.

EXPLICATION
Pour parler de ce qu'elle a l'intention de faire, Mary-Alice commence toutes ses phrases par *I am going to…* que l'on peut également mettre à la forme contractée *I'm going to…*

2 **1.** Are you going to take the train?
– No, I'm not./we aren't.
2. Is Tim going to buy a new car? – No, he isn't.
3. Are they going to have a party next Saturday?
– Yes, they are.
4. Is Shirley going to visit Paris? – Yes, she is.

EXPLICATION
Dans la phrase 1, deux réponses sont possibles car le sujet *you* permet de s'adresser à une ou plusieurs personnes.

3 **1.** your parents / invite their friends
Are your parents going to invite their friends? No, they aren't.
2. Michael / call Laura
Is Michael going to call Laura? No, he isn't.

3. your sister / do her homework
Is your sister going to do her homework? No, she isn't.
4. you / take a taxi
Are you going to take a taxi? No, I'm not. / No, we aren't.
5. Sebastian / play ice hockey
Is Sebastian going to play ice hockey? No, he isn't.

EXPLICATION
Les questions ont toutes la même construction : auxiliaire *be* + *sujet* + *going to* + *base verbale* + compléments.

4 **1.** He / give a concert / tonight
He's giving a concert tonight.
He's going to give a concert tonight.
2. I / play football / tomorrow
I'm playing football tomorrow.
I'm going to play football tomorrow.
3. They / have a party / next Saturday
They're having a party next Saturday.
They're going to have a party next Saturday.
4. Allison / come back / at 5
Allison is coming back at 5.
Allison is going to come back at 5.

EXPLICATION
Pour parler de l'avenir, on peut utiliser :
- soit le présent en *be* + *V-ing* lorsque la phrase contient un complément indiquant l'idée de futur ;
- soit l'expression *be going to* suivie de la base verbale.

22 L'impératif

1 **1.** de t'écouter → Listen to me. • **2.** de t'attendre → Wait for me. • **3.** d'ouvrir la porte → Open the door. • **4.** de partir avant 6 heures → Leave before six o'clock. • **5.** d'écrire son nom → Write your name.

EXPLICATION
Ces phrases pourraient s'adresser à une ou à plusieurs personnes. Il n'y a pas de différence entre la 2ᵉ personne du singulier et la 2ᵉ personne du pluriel.

2 **1.** He is writing on the walls. Don't write on the walls! • **2.** She is sleeping in the armchair. Don't sleep in the armchair! • **3.** He is putting his shoes on his bed. Don't put your shoes on your bed! • **4.** He is brushing his hair in the kitchen. Don't brush your hair in the kitchen! • **5.** She is playing football in the living room. Don't play football in the living room!

3 **1.** Don't drink in class. • **2.** Put your hands up before speaking. • **3.** Don't forget your homework. • **4.** Don't eat chewing gum. • **5.** Listen carefully. • **6.** Don't chat with your friend.

EXPLICATION
Lorsque le professeur demande à ses élèves de ne pas faire quelque chose, il utilise *don't* suivi de la base verbale. Lorsqu'il leur demande de faire quelque chose, il utilise simplement la base verbale.

4

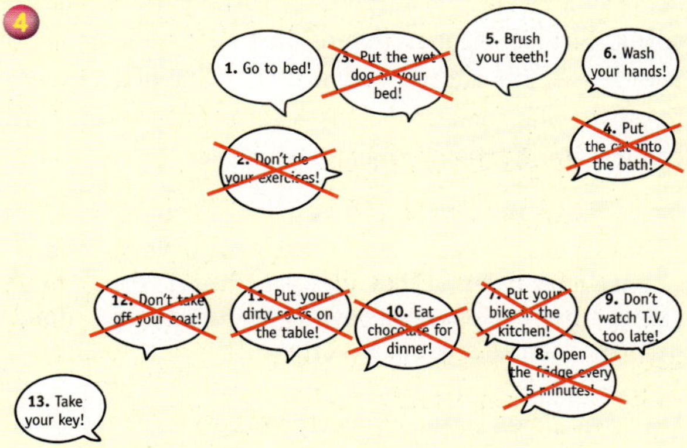

EXPLICATION
Les parents ne demandent pas à leurs enfants :
- de ne pas faire leurs exercices (2) ;
- de mettre le chien mouillé dans leur lit (3) ;
- de mettre le chat dans la baignoire (4) ;
- de mettre leur vélo dans la cuisine (7) ;
- d'ouvrir le réfrigérateur toutes les cinq minutes (8) ;
- de manger du chocolat pour le dîner (10) ;
- de mettre leurs chaussettes sales sur la table (11) ;
- de ne pas enlever leur manteau en entrant (12).

23 Les adverbes

1 **1.** I drink coffee. → I never drink coffee.
2. My brothers are hungry.
→ My brothers are always hungry.
3. They don't go to the swimming pool.
→ They don't often go to the swimming pool.
4. My doctor is very patient.
→ My doctor is usually very patient.
5. His parents take the train.
→ His parents sometimes take the train.

2

	Sheila	Angela	Pamela
make cakes	never	sometimes	sometimes
read comics	often	often	never
listen to music	sometimes	always	often
watch DVDs	always	always	always

1. She often reads comics. She sometimes makes cakes. She never watches DVDs. She always listens to music. Her name is Angela. • **2.** She often reads comics. She always watches DVDs. She never makes cakes. She sometimes listens to music. Her name is Sheila. • **3.** She always watches DVDs. She often listens to music. She sometimes makes cakes. She never reads comics. Her name is Pamela.

EXPLICATION
Toutes les phrases décrivant les trois portraits contiennent des verbes d'action, employés au présent simple : les adverbes de fréquence sont donc placés entre le sujet et le verbe.

3 **1.** tu aimes beaucoup cette voiture
→ I like this car very much.
2. ton cousin américain parle très bien le français
→ My American cousin speaks French very well.
3. tu regardes toujours la télévision le soir
→ I always watch television in the evening.
4. ils vont souvent à l'école en bus
→ They often go to school by bus.
5. elle est toujours en retard pour l'école
→ She is always late for school.

EXPLICATION
Phrases 1 et 2 : *very much* et *very well* se placent à la fin de la phrase pour ne pas séparer le verbe de son COD.

4 **1.** likes / mother / much / my / jazz / very
My mother likes jazz very much.
2. them / she / plays / never / with / Scrabble
She never plays Scrabble with them.
3. early / cousins / always / are / my
My cousins are always early.
4. speak / well / she / very / French / does / ?
Does she speak French very well?
5. my / often / at / gets / up / mother / seven
My mother often gets up at seven.

EXPLICATION
◗ Phrases 1 et 4 : *very much* et *very well* se placent à la fin de la phrase pour ne pas séparer le verbe de son COD.
◗ Phrase 2 : l'adverbe *never* suffit à donner un sens négatif à la phrase. Il n'est pas accompagné de la négation *not*.

24 Les questions

1 **1.** She is at the cinema. • **2.** She is going to see a detective film. • **3.** She likes detective films. • **4.** She took the bus to go to the cinema. • **5.** The film starts at 4 o'clock.
1. Is she at the cinema?
2. Is she going to see a detective film?
3. Does she like detective films?
4. Did she take the bus to go to the cinema?
5. Does the film start at four o'clock?

EXPLICATION
◗ Phrases 3 et 5 : ces phrases sont au présent simple, à la forme affirmative. On utilise l'auxiliaire *do* (*does* à la 3e personne du singulier) pour construire la question.
◗ Phrase 4 : cette phrase est au prétérit, à la forme affirmative. On utilise l'auxiliaire *did* pour construire la question. On remet le verbe à la base verbale (*took* → *take*).

2 **1.** Where are they going?
– They're going to the country.
2. When are you coming?
– Tomorrow.
3. What is your brother doing?
– He's working.
4. Whose MP3 player is it?
– It's Daniel's.
5. Who is it?
– It's Patrick.

EXPLICATION
◗ Phrase 4 : la réponse contenant un cas possessif (« C'est à Daniel ») nous montre que la question porte sur l'appartenance ; on utilise *whose*.
◗ Phrase 5 : la réponse (« C'est Patrick ») nous montre que la question porte sur l'identité de la personne ; on utilise donc *who*.

INFOS PARENTS

© Phovoir

En quoi consiste l'enseignement de l'anglais en 6e au collège ? • Quelle est la part de l'oral ? • Quelle aide pouvez-vous, en tant que parent, fournir à votre enfant à la maison ? • Comment pratiquer l'anglais en dehors du collège ?
Voilà autant de questions que vous vous êtes sans doute déjà posées et auxquelles ce supplément « Infos parents » tente d'apporter des réponses, les plus précises possible.

Pourquoi et comment apprend-on l'anglais au collège ?

Parler l'anglais est de plus en plus une nécessité dans la vie professionnelle ou privée. Dans ce contexte, la langue fait le plus souvent l'objet d'une initiation à l'école primaire. Ce premier apprentissage est solidement étayé au collège selon des objectifs et méthodes qui font référence au CECRL.

Qu'est-ce que le CECRL ?

L'apprentissage des langues en France est organisé selon les objectifs et méthodes du CECRL (Cadre européen commun de référence pour les langues) qui définit, pour l'ensemble des pays membres, une même base pour la conception des programmes et des diplômes, ainsi que des niveaux d'évaluation communs.

Les deux principaux axes sont les suivants :

- tout l'apprentissage est organisé autour de cinq grandes activités de communication langagière (voir ci-dessous) ;
- les compétences linguistiques (grammaticales, lexicales, phonologiques) et culturelles visent à la réalisation de tâches.

Les activités langagières

L'apprentissage s'organise autour de cinq types d'activités. En 6e, on peut les décrire ainsi :

Écouter et comprendre

L'élève s'entraîne à distinguer les sons, les rythmes, les intonations de la langue parlée et à saisir le sens global d'un énoncé oral.

Lire

Les tâches proposées à l'élève doivent lui permettre d'avancer dans la compréhension d'un document écrit informatif ou narratif.

Réagir et dialoguer

L'élève doit être en mesure de participer à une conversation. Les activités portent sur des situations de la vie quotidienne ou font aussi appel à l'imaginaire. La production de l'élève peut être brève, comporter des hésitations, mais il doit réussir à se faire comprendre.

Parler en continu

Dans la prise de parole en continu, les énoncés sont plus complets et la production de l'élève, plus complexe que dans l'expression orale en interaction.

Écrire et réagir à l'écrit

Le travail d'expression écrite se caractérise par des activités courtes et fréquentes. Il s'agit d'apprendre à construire des énoncés simples mais cohérents.

Les niveaux de maîtrise de la langue

Le CECRL distingue différents niveaux de maîtrise de la langue : A1-A2 / B1-B2 / C1-C2. La lettre A indique un niveau d'utilisateur « élémentaire » ; la lettre B, un niveau « avancé » ; la lettre C, un niveau « autonome ».
Au cycle 3, l'élève atteint le niveau A1 dans toutes les activités et le niveau A2 dans au moins deux activités.

Les contenus culturels

S'appuyant sur des documents authentiques, l'étude de la langue donne accès aux cultures et aux réalités de différents pays anglophones. La découverte de ces pays s'accompagne de l'acquisition de repères spatio-temporels (géographie, histoire...).

Comment interpréter les mentions « A1 » ou « A2 » ?

En fin de classe de 6e, l'élève doit avoir atteint le niveau A1 dans les cinq activités langagières et le niveau A2 dans au moins deux de ces activités.

Niveau A1

Votre enfant doit être capable de comprendre et d'utiliser des expressions familières et quotidiennes.
Il doit savoir saluer et prendre congé, remercier quelqu'un, se présenter ou présenter quelqu'un.
Il est capable de poser à une personne des questions la concernant, par exemple sur son lieu d'habitation, ce qui lui appartient, ou lui demander de ses nouvelles.
Il doit savoir repérer quelques mots et expressions concernant des éléments culturels très connus.
Il doit savoir exprimer ses goûts, parler du temps qu'il fait...

Niveau A2

Votre enfant sait déjà utiliser salutations et formules de politesse. Il doit être capable de se présenter de manière plus précise.
Il doit savoir demander et donner des informations en relation avec son environnement habituel, concernant par exemple un repas, un itinéraire, des achats, des horaires...
Il peut relater un événement, évoquer quelques éléments de pays anglophones, même s'il commet des erreurs élémentaires.
Il doit savoir formuler et réagir à des demandes d'aide, d'explications, de permission...
Il doit être capable d'exprimer ses opinions, de faire des suggestions, d'accepter ou refuser une proposition... Il quitte le « niveau de découverte » pour entrer dans le « niveau de survie ».

Comment se déroule un cours d'anglais ?

Vous trouverez ci-dessous la description d'un cours type. Cependant il existe de nombreux usages qu'il serait difficile de présenter dans leur diversité.

Pour démarrer

Après les salutations d'usage (en anglais), l'enseignant démarre avec quelques « rituels de classe » : en premier lieu, l'appel (*Who's missing today?*), puis le plus souvent un *small talk* permettant de parler du temps qu'il fait, de donner des nouvelles des élèves, présents ou absents.
Dans certaines classes, les élèves peuvent être davantage sollicités avec un *What's the news?* (« Quelles sont les nouvelles ? »).
S'ensuit un contrôle des connaissances portant généralement sur la trace écrite du cours précédent.

La nouvelle leçon

On aborde ensuite la nouvelle leçon qui se fait essentiellement à l'oral avec des supports les plus authentiques possibles, offrant de vraies situations de communication : écoute d'un dialogue enregistré par des personnes dont l'anglais est la langue maternelle, extrait de film, reportage, publicité...

Une partie des phrases produites par les élèves est notée au tableau. Ces phrases sont répétées plusieurs fois, ce qui permet en particulier de travailler la prononciation. Certaines font l'objet d'une « pratique raisonnée de la langue » pendant laquelle on pourra aborder des points de grammaire et donner, en français à ce stade du cours, toutes les explications nécessaires à une bonne compréhension.

Pour finir, les élèves recopient la leçon du tableau, souvent accompagnée de quelques aides à la prononciation (symboles phonétiques), qui constitue la trace écrite.

Quel travail mon enfant doit-il faire à la maison ? Comment l'aider ?

L'enseignant d'anglais donne toujours une « leçon » à apprendre, un « travail » à faire pour le cours suivant. Cette tâche est précisée sur le cahier de textes. Vérifiez que votre enfant l'a notée, car il est difficile de progresser sans un travail régulier !

Le travail en phase d'apprentissage

En quoi consiste le travail ?

L'essentiel du travail en anglais (*homework*) consiste à mémoriser la leçon du cahier (la trace écrite) et à s'entraîner à bien la prononcer en l'apprenant à voix haute.

Cependant votre enfant aura parfois des exercices écrits consistant par exemple à réutiliser des acquis grammaticaux, à préparer des questions à poser aux camarades.... De temps en temps, il devra également apprendre par cœur un dialogue pour le jouer devant la classe, un poème très court ou une chanson.

Comment l'aider ?

Aidez-le surtout à apprendre ses leçons. Les enfants ont en effet souvent tendance à se contenter d'un apprentissage très approximatif. Donnez-lui d'abord quelques minutes pour apprendre sa leçon tout seul, toujours à voix haute. Interrogez-le ensuite : vous pouvez, par exemple, choisir quelques mots au hasard figurant sur la leçon du cahier et lui demander de vous les traduire en français, puis faire de même avec certaines expressions ou certaines phrases.

À l'inverse, en cachant le texte de la leçon, vous pouvez lui donner en français d'abord quelques mots, puis des phrases entières de sa leçon et lui demander de vous les redire en anglais.

Vous pouvez également demander à votre enfant d'épeler certains mots faisant partie de sa leçon.

Lors de la réalisation d'un exercice, poussez-le à consulter le lexique ou à se reporter à sa leçon s'il rencontre une difficulté. Quoi qu'il en soit, encouragez-le toujours en le persuadant qu'il va y arriver.

La préparation d'un contrôle

S'il a travaillé régulièrement, cette préparation ne doit pas prendre beaucoup de temps (à condition de rester concentré !). Elle consiste à relire les différents contenus du manuel et du cahier, à refaire les exercices. Le cahier Chouette sera utilisé en complément afin de renforcer cet apprentissage, de reprendre certains points de grammaire mal compris.

Comment pratiquer l'anglais en dehors du collège ?

Pour améliorer son anglais, votre enfant doit essayer de pratiquer la langue à chaque fois que c'est possible. C'est en s'accoutumant à parler anglais et en y prenant du plaisir qu'il progressera véritablement. Voici quelques suggestions.

Regarder des films en VO

Regarder des films ou des séries anglo-saxonnes en version originale est un excellent moyen d'améliorer son anglais. Proposez à votre enfant de visionner ses films favoris en anglais, une première fois avec les sous-titres en français, puis une seconde fois avec les sous-titres en anglais.

Écouter les chansons de ses chanteurs favoris

C'est un plaisir pour votre enfant d'écouter ses chanteurs anglais ou américains préférés et de chanter leurs chansons. Laissez-le faire.... Sans s'en rendre compte, il apprend à placer correctement l'accent et à employer la bonne intonation. Par ailleurs, il cherche à comprendre les paroles, ce qui est un bon moyen d'enrichir son vocabulaire.

Lire des textes courts

Dès le collège, les élèves sont tout à fait capables de lire une nouvelle en anglais.
Voici quelques pistes :

- la collection « Paper planes teens » (Didier) propose de courts romans anglo-saxons contemporains, spécialement conçus pour des adolescents apprenant l'anglais, avec une version audio (www.paperplanesteens.fr/) ;
- la collection « Lire en anglais » du Livre de Poche propose des textes avec des notes, rédigées en anglais, qui dispenseront votre enfant d'avoir recours à un dictionnaire ;
- Pocket « Langues pour tous » propose des romans et des nouvelles en version bilingue, mais également des scénarios de films en anglais.

Lire des journaux ou magazines en anglais

Il existe également des magazines spécialement conçus pour les élèves, permettant de lire des contenus variés et de développer son vocabulaire :

- Play Bac propose *My weekly*, un supplément hebdomadaire à ses quotidiens *Mon Quotidien* et *L'actu* : à lire et à écouter chaque semaine (www.playbac.fr/myweekly/) ;
- Aux « collégiens qui veulent prendre de l'assurance en anglais », Bayard presse propose *I love English* (12-15 ans ; 10 numéros par an + CD audio).

Ressources Internet et applications

Les sites

Internet offre une large gamme d'outils qui aident à améliorer son anglais avec plaisir.
Voici une petite sitographie :

- BBC Learning English : www.bbc.co.uk/learningenglish/ offre de très nombreuses et très intéressantes ressources pour s'entraîner en anglais ;
- LearnEnglish Kids : learnenglishkids.britishcouncil.org/fr est un site du British Council qui propose d'apprendre l'anglais grâce à des jeux, histoires, chansons...
- You Tube : www.youtube.com/ permet de visionner de nombreuses vidéos en anglais : reportages, interviews, TV shows....

Les applications

Si votre enfant dispose d'un smartphone ou d'une tablette, vous pouvez également consulter l'offre des « appstores » qui s'enrichit tous les mois en nouvelles applications éducatives.

3 **1.** Bob is running because he's late. Why is Bob running? • **2.** He is eleven. How old is he? • **3.** His parents are at the supermarket. Where are his parents? • **4.** Robert has got two sisters. How many sisters has Robert got?

EXPLICATION
Phrase 4 : la question porte sur le nombre. On utilise *how many*.

4 **1.** They are looking at some ???.
→ What are they looking at?
2. He comes from ???. → Where does he come from?
3. She is waiting for Mrs ???. → Who is she waiting for?
4. They are talking to ???. → Who are they talking to?

25 Les phrases réduites

1 **1.** Can you swim? Yes, I can. • **2.** Do they like coffee? No, they don't. • **3.** Are you pleased? Yes, I am./we are. • **4.** Is she reading a book? Yes, she is. • **5.** Does he play cricket? No, he doesn't. • **6.** Have you got a computer? No, I haven't.

EXPLICATION
◗ On réutilise dans chaque phrase l'auxiliaire de la question, même s'il s'agit d'un auxiliaire modal (*can* dans la phrase 1).
◗ Phrase 6 : on a l'auxiliaire *have* suivi de *got*; on ne reprend pas *got* dans la réponse brève.

2 **1.** It's a very good restaurant, isn't it? • **2.** It isn't a fast-food restaurant, is it? • **3.** You are hungry, aren't you? • **4.** The meat is good, isn't it? • **5.** The potatoes are delicious, aren't they? • **6.** We are happy, aren't we?

3

Tom's your brother,	aren't you?
It isn't cold,	aren't they?
Your car's red,	are they?
You are American,	is it?
His cousins aren't ready,	isn't it?
Your parents are at the theatre,	isn't he?

1. Tom's your brother, isn't he? • **2.** Your car's red, isn't it? • **3.** His cousins aren't ready, are they? • **4.** It isn't cold, is it? • **5.** You are American, aren't you? • **6.** Your parents are at the theatre, aren't they?

EXPLICATION
Dans la phrase 2, on emploie le sujet *it* car le mot *car* (voiture) représente un objet.

4 **1.** Dans une réponse brève, le sujet est toujours repris sous forme de pronom personnel.
☒ Vrai ❑ Faux
2. Dans un *question tag*, l'auxiliaire est toujours placé avant le sujet.
☒ Vrai ❑ Faux
3. Quand la première partie de la phrase est affirmative, le *question tag* :
❑ est affirmatif aussi. ☒ contient une négation.

EXPLICATION
L'ordre des mots dans les *question tags* est toujours le même : auxiliaire (à la forme affirmative ou négative) suivi du sujet.

26 Les nombres

1 At the bakery:
– Good morning, can I help you?
– Hello! I'd like a cake, please.
– What would you like?
– A big one for 8 (eight) people. It's for my father's birthday. How much is this one?
– It's 22 (twenty-two) pounds.
– And that chocolate cake over there?
– 15 (fifteen) pounds.
– OK, I'll take the chocolate cake. I need some candles too.
– How many?
– 39 (thirty-nine). No, no, 40 (forty) now.
– So that's 21 (twenty-one) pounds, boy! Here you are! Enjoy it and best wishes to your dad!
– Thank you. Goodbye!

EXPLICATION
◗ Les adjectifs cardinaux de 13 à 19 se terminent par *-teen*. Ceux qui correspondent à 20, 30, 40, etc., se terminent par *-ty*.
◗ Attention à l'orthographe de *forty*.

2 **1.** two hundred and seventy-eight → 278
2. four hundred and twenty-five → 425
3. five hundred → 500
4. seven hundred and ninety-two → 792
5. eight hundred and five → 805

3

1st → first
3rd → third
9th → ninth
2nd → second
12th → twelfth
20th → twentieth

EXPLICATION
Attention à l'adjectif ordinal *twentieth* : le *y* de *twenty* devient *ie*.

4 **1.** What's the second letter of the word *animal*? N
2. What's the first letter of the word *umbrella*? U
3. What's the third letter of the word *game*? M
4. What's the first letter of the word *bed*? B
5. What's the fifth letter of the word *garden*? E
6. What's the eighth letter of the word *November*? R

The mysterious word: N U M B E R

27 La date et l'heure

1 **1.** nineteen ninety-eight → 1998
2. eighteen sixty-nine → 1869
3. nineteen seventy-two → 1972
4. seventeen eighty-five → 1785
5. two thousand and three → 2003

EXPLICATION
Phrase 5 : à partir de l'an 2000, la date se lit en commençant par les milliers (*thousand*).

2 – Ben, when were you born?
– I was born in July.
– Yes, but when exactly? On the 14th? Like Bastille Day? (July, the fourteenth)
– No fireworks for me. I was born on July 31st 1994. (July, the thirty-first nineteen ninety-four)

3 **1.** It's ten past nine. • **2.** It's half past eleven. • **3.** It's (a) quarter to eight. • **4.** It's five to five.

EXPLICATION
Dans les phrases 3 et 5, on peut aussi bien dire *it's a quarter to...* que *it's quarter to*

Les podcasts audio

INFOS PARENTS

▸ Avec ce cahier, votre enfant peut accéder à un **entraînement interactif à la compréhension orale** sur le site www.hatier-entrainement.com.

▸ **Le travail sur chaque podcast se déroule en trois étapes :**

1. Votre enfant écoute le dialogue autant de fois qu'il le souhaite.
2. Il teste sa compréhension avec le quiz.
3. À la fin, il peut afficher le script du podcast, ainsi que sa traduction.

▸ Nous reproduisons ci-dessous les scripts des podcasts, avec leur traduction.

▸ Notez que vous pouvez **télécharger l'ensemble de ces dialogues** ainsi que **tous les corrigés sonorisés**. Le répertoire contenant tous les sons du cahier est disponible sur le site www.editions-hatier.fr (plus de précisions sur la page 3 du cahier).

1. Pets

Thème : have got

Ted and Ben are talking about pets.

BEN: Do you like animals, Ted?

TED: Yes, I do. I love animals.

BEN: I love them too. I've got two dogs, three cats and a rabbit. Have you got a dog?

TED: No, I can't have one because my mother is afraid of dogs.

BEN: Oh, I see. Have you got a cat?

TED: No, I haven't. My brother is afraid of cats.

BEN: So, what have you got?

TED: I've got a big teddy bear.

TRADUCTION

Les animaux de compagnie

Ted et Ben parlent d'animaux familiers.

BEN : Aimes-tu les animaux, Ted ?

TED : Oui. J'adore les animaux.

BEN : Je les aime beaucoup aussi. J'ai deux chiens, trois chats et un lapin. As-tu un chien ?

TED : Non, je n'en ai pas car ma mère a peur des chiens.

BEN : Oh, je vois. As-tu un chat ?

TED : Non. Mon frère a peur des chats..

BEN : Quel animal as-tu alors ?

TED : J'ai un gros ours en peluche.

2. A big omelette

Thème : some, any, no

Peter and Kate are preparing dinner.

PETER: Let's have a big omelette for dinner. I'm very hungry.

KATE : Good idea! I'm very hungry too. Is there any cheese?

PETER: Yes, there is some very good cheese in the fridge.

KATE: Have we got any mushrooms?

PETER: Yes, we've got some in a basket on the kitchen table.

KATE: Good ! The omelette is going to be delicious! Where is the frying pan?

PETER: It's in the cupboard, on the left.

KATE: Could you give me the eggs, please?

PETER: Oh, dear! I don't think we've got any eggs!

TRADUCTION

Une grosse omelette

Peter et Kate préparent le dîner.

PETER : Faisons une grosse omelette pour le dîner. J'ai très faim.

KATE : Bonne idée ! J'ai très faim aussi. Y a-t-il du fromage ?

PETER : Oui, il y a du très bon fromage dans le réfrigérateur.

KATE : Avons-nous des champignons ?

PETER : Oui, dans le panier sur la table de la cuisine.

KATE : Super ! L'omelette va être délicieuse. Où est la poêle ?

PETER : Elle est dans le placard, à gauche.

KATE : Pourrais-tu me donner les œufs, s'il te plaît ?

PETER : Oh, zut ! Je crois que nous n'avons pas d'œufs !

3. At the bookshop

Thème : le présent simple

John is at the bookshop; he is talking to the shop-assistant.

JOHN: Good morning. I'd like to buy a book for my friend's birthday.

SHOP-ASSISTANT: How old is your friend?

JOHN: He's 12 years old.

SHOP-ASSISTANT: Does he read a lot?

JOHN: Yes, he does. He's a very good reader.

SHOP-ASSISTANT: Does he like science-fiction books?

JOHN: No, he doesn't. He prefers fantasy stories; I know he enjoys reading *Harry Potter* in bed and he likes detective novels too.

SHOP-ASSISTANT: Why don't you buy a *Sherlock Holmes* book, then?

JOHN: Good idea! Elementary! Thank you for your help.

TRADUCTION

À la librairie

John est à la librairie ; il s'adresse à une vendeuse.

JOHN : Bonjour. Je voudrais acheter un livre pour l'anniversaire de mon ami.

LA VENDEUSE : Quel âge a votre ami ?

JOHN : Il a 12 ans.

LA VENDEUSE : Est-ce qu'il lit beaucoup ?

JOHN : Oui. C'est un très bon lecteur.

LA VENDEUSE : Aime-t-il les livres de science-fiction ?

JOHN : Non, il préfère les histoires fantastiques ; je sais qu'il aime beaucoup lire *Harry Potter* dans son lit et qu'il apprécie également les romans policiers.

LA VENDEUSE : Eh bien, alors pourquoi ne pas acheter un *Sherlock Holmes* ?

JOHN : Bonne idée ! Élémentaire ! Merci pour votre aide, madame.

4. TV programmes

Thème : parler de ses goûts

Susie and Lisa are talking about TV programmes.

LISA: What are your favourite programmes, Susie? Do you like horror films?

SUSIE: No, I don't. I think they're too scary.

LISA: Do you prefer detective films?

SUSIE: Oh, no! I think they're too violent.

LISA: What about documentaries?

SUSIE: I hate them. They're so boring!

LISA: Do you enjoy watching sports on TV?

SUSIE: No, I don't watch sports; I prefer playing sports.

LISA: So what do you enjoy watching on TV?

SUSIE: I never watch TV. We haven't got a TV set!

TRADUCTION

Les programmes de télévision

Susie et Lisa parlent des programmes de télévision.

LISA : Quels sont tes programmes favoris, Susie? Aimes-tu les films d'horreur ?

SUSIE : Non, je les trouve trop effrayants.

LISA : Préfères-tu les films policiers ?

SUSIE : Oh, non ! Je les trouve trop violents.

LISA : Et que dis-tu des documentaires ?

SUSIE : Je les déteste. Ils sont si ennuyeux !

LISA : Aimes-tu regarder le sport à la télé ?

SUSIE : Non, je n'aime pas regarder le sport ; je préfère le pratiquer.

LISA : Alors qu'aimes-tu regarder ?

SUSIE : Je ne regarde jamais la télévision. Nous n'avons pas de poste de télé !

5. Good at sports

Thème : dire ce qu'on sait faire

Fiona and Simon are talking about sports.

SIMON: Are you good at sports, Fiona?

FIONA: Yes, I am. I'm very sporty.

SIMON: How well can you play tennis?

FIONA: I can play tennis very well. I'm the best tennis player of my school.

SIMON: Can you ski?

FIONA: Yes, I can ski quite well. I go to the mountains every year with my parents and my brothers.

SIMON: Can you ride a horse and eat chocolate at the same time?

FIONA: No, I can't.

SIMON: Why not? Is it too difficult?

FIONA: I hate chocolate!

TRADUCTION

Bonne en sport

Fiona et Simon parlent de sport.

SIMON : Es-tu bonne en sport, Fiona ?

FIONA : Oui, je suis très sportive.

SIMON : Quel est ton niveau au tennis ?

FIONA : Je joue très bien au tennis. Je suis la meilleure joueuse de mon école.

SIMON : Sais-tu skier ?

FIONA : Oui, je skie plutôt bien. Je vais à la montagne tous les ans avec mes parents et mes frères.

SIMON : Peux-tu monter à cheval tout en mangeant du chocolat ?

FIONA : Non, je ne peux pas.

SIMON : Pourquoi ? Est-ce trop difficile ?

FIONA : Je déteste le chocolat !

6. Merry Christmas!

Thème : exprimer le futur

Billy and Audrey are on the phone, talking about Christmas.

BILLY: Hello Audrey! Merry Christmas!

AUDREY: Thank you. Happy Christmas to you and your family!

BILLY: What are you going to do this afternoon?

AUDREY: My parents gave me a beautiful pair of skating boots as a Christmas present. I think I'm going to go to the ice-rink with my cousin. What about you?

BILLY: I'm going to have a picnic on the beach with my parents and my best friend, Whitney.

AUDREY: A picnic on the beach! On Christmas day! You'll be freezing!

BILLY: Don't forget I live in Sydney now and the seasons are reversed. It's summer in Australia!

TRADUCTION

Joyeux Noël !

Billy et Audrey sont au téléphone et parlent de Noël.

BILLY : Salut Audrey! Joyeux Noël !

AUDREY : Merci. Joyeux Noël à toi et à toute ta famille !

BILLY : Que fais-tu cet après-midi ?

AUDREY : Mes parents m'ont offert une belle paire de patins à glace pour Noël. Je pense que je vais aller à la patinoire avec mon cousin. Et toi ?

BILLY : Je vais pique-niquer sur la plage avec mes parents et ma meilleure amie, Whitney.

AUDREY : Un pique-nique sur la plage ! Le jour de Noël ! Tu vas être gelée !

BILLY : N'oublie pas que j'habite à Sydney à présent et que les saisons sont inversées. C'est l'été en Australie !

7. Let's play table tennis!

Thème : proposer, questionner

Jenny and Marlon are going to play table tennis.

MARLON: Hello, Jenny. What do you want to do this afternoon?

JENNY: Hello, Marlon. Let's play table tennis.

MARLON: Why not? I can see the rackets but where are the balls?

JENNY: Have a guess. Try to find them.

MARLON: Are they in the house or in the garden?

JENNY: They're in the house but they're not in my room.

MARLON: Are they in your sister's room?

JENNY: No, they aren't. She never lets me go into her room.

MARLON: They're not in the living room, are they?

JENNY: Yes, they are. They're under your chair!

TRADUCTION

Jouons au ping pong !

Jenny et Marlon vont jouer au ping-pong.

MARLON : Salut, Jenny. Que veux-tu faire cet après-midi ?

JENNY : Salut, Marlon. Si on jouait au ping-pong ?

MARLON : Pourquoi pas ? Je vois bien les raquettes mais où sont les balles ?

JENNY : Devine. Essaye de les trouver.

MARLON : Est-ce qu'elles sont dans la maison ou dans le jardin ?

JENNY : Elles sont dans la maison mais elles ne sont pas dans ma chambre.

MARLON : Est-ce qu'elles sont dans la chambre de ta sœur ?

JENNY : Non. Elle ne me laisse jamais entrer dans sa chambre.

MARLON : Elles ne sont pas dans le séjour, n'est-ce pas ?

JENNY : Si, elles sont sous ta chaise !

8. What do you want to do?

Thème : proposer, refuser

Nick and Betty are choosing an activity.

NICK: We're very lucky! The weather is beautiful. Why don't we go to the swimming pool?

BETTY: Oh, no ! It's too hot ! I don't want to get sunburnt.

NICK: What about playing tennis, then?

BETTY: I haven't got my sunglasses. I don't want to play tennis with the sun in my eyes.

NICK: We could go jogging in the park and have a picnic.

BETTY: I don't want to. I never go jogging in summer and I hate picnics!

NICK: Anyway, it's too late! It's raining now. We're going to spend the afternoon in the living room and watch TV.

TRADUCTION

Que veux-tu faire ?

Nick et Betty cherchent une activité.

NICK : Nous avons de la chance ! Il fait beau. Pourquoi ne pas aller à la piscine ?

BETTY : Oh, non ! Il fait trop chaud ! Je ne veux pas attraper de coups de soleil.

NICK : Que dirais-tu de jouer au tennis, alors ?

BETTY : Je n'ai pas mes lunettes de soleil. Je ne veux pas jouer au tennis avec le soleil dans les yeux.

NICK : Nous pourrions aller courir dans le parc et pique-niquer.

BETTY : Je n'ai pas envie. Je ne cours jamais en été et je déteste les pique-niques !

NICK : De toute façon, c'est trop tard ! Il pleut maintenant. Nous allons passer l'après-midi dans le salon à regarder la télé.

9. I'm sorry!

Thème : s'excuser

Brian is upset because he saw Allison, his new girlfriend, with another boy.

BRIAN: I saw you this morning with another boy. You were holding hands! That's not fair. How could you?

ALLISON: But…

BRIAN: I thought you liked me.

ALISON: Yes of course, but…

BRIAN: You don't know what to say, right?

ALLISON: But it wasn't me, it was Jessica my twin sister!

BRIAN: Oh I'm so sorry! Forgive me!

ALLISON: It's too late, you don't trust me…

BRIAN: Oh please! I apologize. Let's go and have a drink…

TRADUCTION

Je suis désolé !

Brian est contrarié car il a vu Allison, sa nouvelle petite amie, avec un autre garçon.

BRIAN : Je t'ai vue ce matin avec un autre garçon. Vous vous teniez la main ! Ce n'est pas sympa, comment as-tu pu ?

ALLISON : Mais...

BRIAN : Je croyais que tu m'aimais bien.

ALISON : Oui bien sûr, mais...

BRIAN : Tu ne sais pas quoi dire, c'est ça ?

ALLISON : Mais ce n'était pas moi, c'était Jessica ma sœur jumelle !

BRIAN : Oh, je suis désolé ! Pardonne-moi !

ALLISON : Trop tard, tu ne me fais pas confiance...

BRIAN : S'il te plaît ! Excuse-moi. Allons prendre un verre...

10. Flowers

Thème : remercier

Helen, Lea's mother, loves the flowers she found on the dining room table.

HELEN: These flowers are so beautiful. Thank you so much, Lea.

LEA: Don't thank me mum, I'm happy you like them.

HELEN: What a bunch! The colours are lovely. It's so kind of you.

LEA: Don't mention it.

HELEN: They must have cost a fortune. Really nice of you.

LEA: Don't worry, I saved some pocket money.

Suddenly Leo, Lea's brother, comes in.

LEO: Hi Mum! Did you like the flowers I bought you?

HELEN: Er… Yes… I was telling your sister how beautiful they are! Thanks a lot!

TRADUCTION

Les fleurs

Helen, la maman de Lea, aime beaucoup les fleurs qu'elle a trouvées sur la table de la salle à manger.

HELEN : Ces fleurs sont si belles, merci beaucoup Lea !

LEA : Ne me remercie pas maman, je suis heureuse que tu les aimes.

HELEN : Quel bouquet ! Les couleurs sont splendides. C'est si gentil de ta part.

LEA : Ce n'est rien.

HELEN : Elles ont dû coûter une fortune. C'est vraiment gentil à toi.

LEA : Ne t'inquiète pas, j'avais de l'argent de poche de côté.

Soudain Leo, le frère de Lea, entre.

LEO : Salut Maman ! Tu as aimé les fleurs que je t'ai achetées ?

HELEN : Euh... Oui, je disais justement à ta sœur comme elles étaient belles ! Merci beaucoup !

Les expressions clés pour communiquer

Entrer en contact avec les autres

Saluer quelqu'un	
Good morning! Good afternoon! Good evening!	Bonjour ! Bonsoir !
Hello! Hi!	*Plus familier.*
How are you?	Comment allez-vous ? Comment vas-tu ?
I'm fine, thank you.	Je vais bien, merci.
Nice to see you. Nice to meet you. Glad to meet you. Pleased to meet you.	Enchanté(e), ravi(e) de faire votre connaissance.
How do you do?	*Pour une personne qu'on rencontre la première fois. On répond avec la même formule.*

Prendre congé de quelqu'un	
Goodbye!	Au revoir !
Bye bye!	Salut !
See you! See you later!	À bientôt !
See you tomorrow!	À demain !

Faire les présentations	
This is Mr Johnson.	Voici monsieur Johnson.
I'd like you to meet Mr Johnson.	J'aimerais vous présenter monsieur Johnson.
Have you met Mr Johnson?	Connaissez-vous monsieur Johnson ?

Remercier quelqu'un	
Thank you. Thanks.	Merci.
Thank you very much.	Merci beaucoup.
No, thanks.	Non merci.
Nice of you. Kind of you.	C'est gentil à vous.
Don't mention it. You're welcome.	De rien, je vous en prie. *Emploi moins systématique qu'en français.*

Présenter ses excuses	
Sorry! I'm sorry!	Pardon. Excusez-moi. Excuse-moi. Je suis désolé(e).

Présenter ses vœux	
Happy birthday!	Bon anniversaire !
Merry Christmas! Happy Christmas!	Joyeux Noël !
I wish you a merry Christmas!	Je te souhaite un joyeux Noël !
I wish you luck.	Je te souhaite bonne chance !

Influencer les autres

Exprimer un désir	
I want to play tennis.	Je veux jouer au tennis.
I would like to travel alone. I'd like to travel alone.	J'aimerais voyager seul.
I want him to play the piano.	Je veux qu'il joue du piano.
I'd love to go swimming.	J'aimerais beaucoup aller nager.

Formuler une demande	
Could you lend me your book?	Pourriez-vous me prêter votre livre ?
Would you be kind enough to lend me your book?	Auriez-vous la gentillesse/l'amabilité de me prêter votre livre?
Would you mind opening the window?	Est-ce que cela vous dérangerait … ? (*would you mind* + V-*ing*)

Suggérer quelque chose, pour inciter quelqu'un à faire quelque chose	
What about a cup of tea? What about going to an exhibition? How about a cup of tea? How about going to an exhibition?	Que diriez-vous de … ? (*what about, how about* + nom ou V-*ing*)
Why don't we go to the beach?	Si nous allions à la plage ? (*why don't we…* + infinitif sans *to*)
We could go to the beach.	Nous pourrions aller à la plage.
Let's go to the beach.	Allons donc à la plage.

Donner un conseil	
You should go to the doctor's. You shouldn't speak so loud.	Tu devrais aller chez le médecin. Tu ne devrais pas parler si fort.
You'd better hurry; it's late.	Tu ferais mieux de te dépêcher ; il est tard. (*you had better* + infinitif sans *to*)
I advise you to lock the door.	Je te conseille de verrouiller la porte.
Take my advice and go out for a walk.	Suis mon conseil, va te promener.

Exprimer l'obligation, donner un ordre, interdire	
You must finish your homework. You have to finish your homework.	Tu dois finir tes devoirs.
I need to see you now.	J'ai besoin de te voir maintenant.
Sit down!	*Verbe à l'impératif.*
Will you stop talking!	*Avec* will you *: forme atténuée.*
You mustn't walk on the grass. You're not allowed to walk on the grass. It's forbidden to walk on the grass.	Il est interdit de marcher sur la pelouse.

Demander ou accorder une permission	
Can I use your phone ? May I use your phone ?	Puis-je utiliser votre téléphone ? (*may* plus poli que *can*)

Donner son opinion

Exprimer un avis personnel	
In my opinion... To my mind...	À mon avis...
I feel that... I have the feeling that...	J'ai le sentiment que...
I think that... I believe that...	Je pense que...
I wonder whether/if...	Je me demande si...

Exprimer son accord	
Yes, of course!	Oui, bien sûr !
All right!	D'accord !
I agree with you. I quite agree.	Je suis (complètement) d'accord.
I think so.	Je suis du même avis.
That's quite true!	C'est tout à fait vrai.
I think she is right.	Je pense qu'elle a raison.

Exprimer son désaccord	
Not at all.	Pas du tout.
Certainly not.	Certainement pas.
That's silly!	C'est stupide !
I disagree with you. I don't agree at all.	Je ne suis pas (du tout) d'accord.
I think she is wrong.	Je pense qu'elle a tort.

Dire que l'on n'apprécie pas	
I don't like being late. I don't like your attitude. I dislike your attitude.	Je n'aime pas… (*I don't like / dislike* + nom ou V-*ing*)
I hate getting up early.	Je déteste me lever tôt.
It looks terrible. It smells bad. It sounds awful.	Ça a l'air… *(to look, taste, sound* + adjectif)
How awful, horrible, disgusting! It's so terrible!	*Phrases exclamatives.*

Parler de ce qu'on préfère	
I like it better.	C'est ce que je préfère.
I like it best.	C'est ce que j'aime le mieux.
Which one would you like?	Lequel voudrais-tu ?
This one or that one?	Celui-ci ou celui-là ?
I'd rather go with you.	Je préférerais aller avec vous.

Exprimer l'indifférence	
I don't mind. I don't care.	Ça m'est égal.
Who cares?	Peu importe !
Never mind!	Ça n'a pas d'importance !
If you like.	Si tu veux.
Why not?	Pourquoi pas ?

Tableaux récapitulatifs de grammaire

Les pronoms personnels

		sujets	compléments
1re pers. du singulier		I	me
2e pers. du singulier		you	you
3e pers. du singulier	masculin	he	him
	féminin	she	her
	neutre	it	it
1re pers. du pluriel		we	us
2e pers. du pluriel		you	you
3e pers. du pluriel		they	them

Les mots interrogatifs

On utilise...	lorsque la question porte sur...	Exemples
what	une chose l'activité de quelqu'un	What do you like? What is he doing?
who	une personne	Who works in Paris? Who do you call every day?
whose	l'appartenance	Whose car is it?
which	le choix	Which dress do you prefer? Which girl is coming with me?
when	le temps	When do you play tennis?
where	le lieu	Where do you live?
why	la cause	Why is he late?
what... for	le but	What are you going to the post office for?
what... like	l'aspect	What is your teacher like?
how	la manière	How do you make this cake?
how much (*seul ou suivi d'un indénombrable*)	le prix la quantité	How much is it? How much time have you got?
how many (+ *dénombrable*)	la quantité	How many students are there in the classroom?
how old	l'âge	How old are you?
how far	la distance	How far is the station?
how long	la durée	How long does it take to go to the station?
how often	la fréquence	How often do you play tennis?

Les prépositions

Prépositions	Exemples
about	What is the text **about**? Quel est le sujet du texte ?
across	The man is swimming **across** the river. L'homme traverse la rivière à la nage.
after	I'll call you **after** lunch. Je t'appellerai après le déjeuner.
against	The ladder is **against** the wall. L'échelle est contre le mur.
along	He's walking **along** the beach. Il marche le long de la plage.
at	She is **at** the bus stop. Elle est à l'arrêt d'autobus. They are leaving **at** ten. Ils partent à 10 heures.
before	She had dinner **before** six. Elle a dîné avant six heures.
behind	The schoolbag is **behind** the door. Le cartable est derrière la porte.
between	The lamp is **between** the books and the plants. La lampe est entre les livres et les plantes.
by	He is coming **by** train. Il vient en train.
during	He laughed a lot **during** the concert. Il a beaucoup ri pendant le concert.
for	These cakes are **for** Bill. Ces gâteaux sont pour Bill. She slept **for** two hours. Elle a dormi pendant deux heures.
from	My friend comes **from** New York. Mon ami vient de New York.
in	The bird is **in** the cage. L'oiseau est dans la cage.
in front of	The car is **in front of** the bus. La voiture est devant le bus.
into	The cat is going **into** the garage. Le chat entre dans le garage.
like	He swims **like** his brother. Il nage comme son frère.
near	The library is **near** the school. La bibliothèque est à côté de l'école.
of	She is having a cup **of** coffee. Elle prend une tasse de café.
on	The hat is **on** the sofa. Le chapeau est sur le canapé.
out of	The boy is going **out of** the room. Le garçon sort de la pièce.
past	It's half **past** two. Il est deux heures et demie.
through	The boy is running **through** the trees. Le garçon court à travers les arbres.
to	He is going **to** the park. Il va au parc.
under	The shoe is **under** the bed. La chaussure est sous le lit.
until	He worked **until** midnight. Il a travaillé jusqu'à minuit.
with	Come **with** me. Viens avec moi.

Liste des verbes irréguliers

	BASE VERBALE	PRÉTÉRIT	SENS
B	be	was, were	*être*
	begin	began	*commencer*
	break	broke	*casser*
	bring	brought	*apporter*
	build	built	*construire*
	buy	bought	*acheter*
C·D	come	came	*venir*
	cut	cut	*couper*
	do	did	*faire*
	drink	drank	*boire*
	drive	drove	*conduire*
E·F	eat	ate	*manger*
	fall	fell	*tomber*
	feel	felt	*(se) sentir*
	find	found	*trouver*
G	get	got	*devenir, obtenir*
	get up	got up	*se lever*
	give	gave	*donner*
	go	went	*aller*
H	have	had	*avoir*
	hear	heard	*entendre*
	hurt	hurt	*blesser, faire mal*
K·L	keep	kept	*garder*
	know	knew	*savoir, connaître*
	learn	learnt	*apprendre*
M·P	make	made	*faire, fabriquer*
	meet	met	*rencontrer*
	put	put	*mettre*

R	read	read	*lire*
	ride	rode	*aller à vélo ou à cheval*
	run	ran	*courir*
S	say	said	*dire*
	see	saw	*voir*
	sell	sold	*vendre*
	sing	sang	*chanter*
	sit	sat	*être assis(e)*
	sleep	slept	*dormir*
	speak	spoke	*parler*
	spend	spent	*passer du temps, dépenser*
	stand	stood	*être debout*
	swim	swam	*nager*
T·U	take	took	*prendre*
	teach	taught	*enseigner*
	tell	told	*dire, raconter*
	think	thought	*penser*
	understand	understood	*comprendre*
W	wake up	woke up	*(se) réveiller*
	wear	wore	*porter un vêtement*
	win	won	*gagner*
	write	wrote	*écrire*

2. horse / ride / can / I / a

– ....

.... ?

3. I / ski / can / well / very

– ....

.... ?

SCORE ..../3

Can't

▸ À la forme négative, *can* devient *can't*. *Can't* est la forme contractée de ***cannot***. Dans la conversation courante, elle est beaucoup plus employée que la forme pleine.

Exemple	Signification
*I **can't** call you tonight.* Je ne peux pas t'appeler ce soir. *We **can't** speak English very well.* Nous ne savons pas très bien parler anglais.	incapacité, impossibilité
*You **can't** play in the morning.* Tu ne peux pas jouer le matin.	interdiction

3 Regarde les réponses de Kevin et Cindy aux questions suivantes et rédige des phrases.

	Kevin	Cindy
Can you play the piano?	Yes	No
Can you speak French?	No	Yes
Can you dance?	No	Yes
Can you make cakes?	Yes	No

1. Kevin can play the piano. Cindy ....

2. ....

3. ....

4. ....

SCORE ..../4

COUP DE POUCE
Vérifie que tu as employé quatre fois l'auxiliaire *can't* (*can* à la forme négative).

4 Complète les phrases suivantes en utilisant *can* ou *can't*.

1. Horses .... fly.

2. Lions .... run very fast.

3. Elephants .... play football.

4. Kangaroos .... jump.

5. Hippos .... ski.

6. Fish .... speak English.

SCORE ..../6

ATTENTION
Entraîne-toi à dire ces phrases à voix haute. *Can* n'est pas accentué, il s'entend à peine, il se prononce [kən]. *Can't* est accentué, il se prononce [kɑ:nt].

Corrigés p. 8

TOTAL ..../ 17

15 Must et mustn't

Must

- *Must* est un **auxiliaire modal**.
  Reporte-toi à l'unité 14 pour revoir les règles générales qui s'appliquent aux auxiliaires modaux.
- *Must* exprime **l'obligation**.
  *You **must** go to bed.* Tu dois aller au lit.
  *I **must** learn my lesson.* Je dois apprendre ma leçon.

INFO
Le personnage de Cendrillon s'appelle *Cinderella* en anglais.

★ 1 À peine rentré de l'école, Cinderello reçoit des ordres. Aide-le à comprendre ce qu'on l'oblige à faire.

1. must / you / your / tidy / room → ....
2. bed / your / make / must / you → ....
3. hoovering / the / must / you / do → ....
4. you / do / shopping / the / must → ....
5. out / dog / must / the / take / you → ....

SCORE ..../5

COUP DE POUCE
Toutes les phrases doivent commencer de la même manière.

Mustn't

- À la forme négative, *must* devient *mustn't*.
  Mustn't est la forme contractée de ***must not***.
  Dans la conversation courante, elle est plus employée que la forme pleine.
- *Mustn't* exprime l'**interdiction**.
  *You **mustn't** smoke.* Tu ne dois pas fumer.
  *You **mustn't** use your mobile here.* Vous ne devez pas utiliser votre portable ici.

★★ 2 Réagis aux phrases suivantes en utilisant *must* et *mustn't* comme dans l'exemple.

Ex. : *John's playing football in his bedroom. He mustn't play football in his bedroom. He must play football in the garden.*

1. Susan is sleeping on the floor. ....
....

ATTENTION
- Après *must* et *mustn't*, tu ne dois pas employer de terminaison en *-ing*. Il faut utiliser la base verbale.
- *homework* : devoirs

2. Bill is cooking in the bathroom. ....

....

3. The children are doing their homework in the hall. ....

....

4. Ben is putting the bottles of milk on the T.V. set. ....

....

SCORE ..../4

3 **Complète les phrases suivantes en utilisant *can*, *can't* ou *must* et reconstitue ainsi deux petites conversations.**

1. .... I go to the swimming pool?

– No, you .... You .... do your homework.

2. .... you come to Joe's birthday party?

– Yes, I .... But I .... tidy my room before going out.

SCORE ..../6

INFO
to tidy : ranger

4 **Qu'expriment les phrases suivantes ? Coche les bonnes réponses.**

	Capacité	Impossibilité	Obligation	Interdiction
1. You mustn't smoke.	❑	❑	❑	❑
2. He can speak Italian.	❑	❑	❑	❑
3. She can run very fast.	❑	❑	❑	❑
4. He must do his homework.	❑	❑	❑	❑
5. I can't come today. I'm ill.	❑	❑	❑	❑
6. You mustn't drive too fast.	❑	❑	❑	❑

SCORE ..../6

COUP DE POUCE
Révise bien l'unité 14 avant de faire cet exercice.

5 **Un bruit bizarre t'a empêché d'entendre une partie de la phrase. Pose la question qui te permettra de comprendre de quoi on parle.**

1. Susan must get up at half ???. → ....?

2. You can have ??? after dinner. → ....?

3. They must go to ???. → ....?

4. They must call Mr ???. → ....?

5. Peter can go to the restaurant on ???. → ....?

SCORE ..../5

COUP DE POUCE
Pense à utiliser des mots interrogatifs : *who, what, when, where,* etc. directement suivis de l'auxiliaire modal.

Corrigés p. 8-9

TOTAL ..../ 26

16 Le présent simple

La forme affirmative

- En anglais, il existe deux formes de présent : le présent simple et le présent en *be* + V-*ing* (ou présent progressif).
- Pour parler des **actions habituelles**, des faits permanents, des vérités générales, on utilise le présent simple.
- Au présent simple, à la forme affirmative, on utilise la **base verbale** à toutes les personnes. **Attention !** La base verbale prend **un *s* à la 3e personne du singulier**. Cette terminaison doit s'entendre et se prononce [s], [z] ou [ɪz].

I work	we work
you work	you work
he, she, it works	they work

1 Quels sujets peut-on relier à la forme verbale ci-dessous ? Écris les phrases correctes ainsi obtenues.

The boys •		• Mr and Mrs Todd
Jenny •	• speaks English •	• Helen
My sister •		• My parents

....

....

SCORE ..../6

COUP DE POUCE
Observe bien la terminaison du verbe avant de choisir les sujets.

Les formes interrogative et négative

- Les formes interrogative et négative se construisent à l'aide de l'**auxiliaire *do***. *Do* devient ***does*** à la 3e personne du singulier.

Forme interrogative	Forme négative
do I work?	I don't work
do you work?	you don't work
does he, she, it work?	he, she, it doesn't work
do we work?	we don't work
do you work?	you don't work
do they work?	they don't work

- Sois attentif à l'ordre des mots.

Auxiliaire	Sujet	Base verbale
Do	you	understand?

Sujet	Aux. + négation	Base verbale
He	doesn't	drive.

★ 2 Remets dans l'ordre les mots suivants pour construire des questions correctes.

	Aux.	Sujet	Base verbale	Compléments
1. you / do / hamburgers / like / ?				
2. your / tennis / does / play / sister / ?				
3. their / speak / French / do / children / ?				
4. take / does / he / the / bus / ?				
5. TV / day / do / watch / you / every / ?				

SCORE ..../5

> **COUP DE POUCE**
> • La construction ne varie pas.
> • Un sujet peut être composé de plusieurs mots.

★★ 3 Mets ces phrases à la forme interrogative, puis négative.

1. They get up early.

2. Sandy drinks tea.

3. She likes tea very much.

4. Her parents prefer coffee.

5. They drink white coffee.

Forme interrogative	**Forme négative**
1. Do they .... ?	No, ...
2. .... ?	No, ...
3. .... ?	No, ...
4. .... ?	No, ...
5. .... ?	No, ...

SCORE ..../10

> **ATTENTION**
> Rappelle-toi qu'aux formes interrogative et négative du présent simple, c'est *does* qui prend la terminaison s de la 3e personne du singulier.

Les réponses brèves au présent simple

▸ Pour formuler une réponse brève au présent simple, on reprend le sujet sous la forme d'**un pronom personnel** et l'**auxiliaire *do***.

*Do you like chocolate? – Yes, **I do**!*
*Do they often go to the cinema? – No, **they don't**.*
*Does Albert play football? – No, **he doesn't**.*

★ 4 Trouve la réponse brève correspondant à chacune de ces questions.

1. Does your brother like cheese? – Yes, ...

2. Do you play squash? – Yes, ...

3. Does Peter often wear jeans? – No, ...

4. Do your parents want to sleep? – No, ...

5. Do you help your sister? – No, ...

SCORE ..../5

> **COUP DE POUCE**
> Quand le sujet de la question est *you*, tu peux utiliser le pronom *I* ou le pronom *we* dans la réponse.

Corrigés p. 9-10

TOTAL ..../ 26

17 Le présent en *be* + V-*ing*

Le présent en *be* + V-*ing* à la forme affirmative

- Pour parler d'une **action qui se déroule** au moment où l'on parle, on emploie le présent en *be* + V-*ing* que l'on appelle aussi **présent continu** ou **présent progressif**.

I am working	we are working
you are working	you are working
he, she, it is working	they are working

- Voici l'ordre des mots dans une phrase au présent en *be* + V-*ing*.

Sujet	Auxiliaire *be*	Base verbale + *-ing*	Complément
He	is	eating	an apple.

1 Complète ce texte rédigé au présent en *be* + V-*ing*.

Ex. : *We are in the living room.*

1. I .... listen .... to my Walkman.
2. Ann .... read .... a book.
3. David .... play .... computer games.
4. Mark .... watch .... a DVD.
5. Our parents .... drink .... a cup of tea.
6. We .... wait .... for our cousins.

SCORE ..../6

ATTENTION
Observe bien le sujet de chaque phrase avant de choisir l'auxiliaire.
La terminaison du verbe ne change pas.

La forme interrogative

- Pour obtenir la forme interrogative, on fait passer l'**auxiliaire avant le sujet** (inversion).

Auxiliaire *be*	Sujet	Base verbale + *-ing*
Are	they	working?

- Voici la conjugaison complète.

am I working?	are we working?
are you working?	are you working?
is he, she, it working?	are they working?

2 Retrouve les questions qui ont appelé les réponses suivantes.

Ex. : *What are you doing? – I'm swimming.*

1. ....? – I am watching a cartoon.
2. ....? – We are speaking.
3. ....? – They are playing golf.

COUP DE POUCE
Observe bien l'exemple et construis les questions sur le même modèle.

4. .... ? – He is drinking.

5. .... ? – She is looking at a photo.

SCORE ..../5

★★ 3 **Un bruit bizarre t'a empêché d'entendre une partie de la phrase. Pose la question qui te permettra de comprendre de quoi on parle.**

1. Peter is eating a ???. → .... ?
2. Lucy is phoning her ???. → .... ?
3. The children are going to ???. → .... ?
4. Bob and Sally are watching a ???. → .... ?
5. Shirley is ??? in her room. → .... ?
6. Lucas is playing football at ???. → .... ?

SCORE ..../6

> **COUP DE POUCE**
> Les questions commencent toutes par un mot interrogatif : *who, what, where,* selon le cas.

La forme négative. Les réponses brèves

- Pour obtenir la **forme négative**, on ajoute la négation *not* après l'auxiliaire *be*.

Sujet	Auxiliaire *be* + négation	Base verbale + *-ing*
Peter	isn't	sleeping.

- Voici la conjugaison complète.

I am not working	we are not working
you are not working	you are not working
he, she, it is not working	they are not working

- Pour former une **réponse brève** au présent en *be* + V-*ing*, on utilise un pronom personnel sujet suivi de l'auxiliaire *be*.

  *Are you working? – Yes, **I am**.*
  *Is your mother watching TV? – No, **she isn't**.*

★ 4 **Trouve la réponse brève correspondant à chaque question.**

1. Are the children working? – Yes, ...
2. Is Mary listening to records? – Yes, ...
3. Are you going to the stadium? – No, ...
4. Is it raining? – No, ...
5. Is Philip washing his sweater? – Yes, ...
6. Are Romane and Emma sleeping? – No, ...

SCORE ..../6

> **COUP DE POUCE**
> Observe bien les sujets et les auxiliaires pour trouver les réponses brèves.

Corrigés p. 10

TOTAL ..../ 23

LE GROUPE VERBAL

18 Présent simple ou présent en *be* + V-*ing* ?

L'emploi du présent simple

- Le présent simple sert à exprimer des **actions habituelles**, des faits permanents, des **vérités générales**.

  *John **takes** the bus at eight.* John prend le bus à 8 heures. [action habituelle]
  *The sun **rises** in the east.* Le soleil se lève à l'est. [vérité permanente]

- Il permet en particulier de parler de ses **goûts**, de ses **sentiments** (qui peuvent être considérés comme des faits permanents).

  *I **like** chocolate.* J'aime le chocolat.

INFO
- *every day* : tous les jours
- *always* : toujours
- *never* : jamais

★ **1** **Coche les phrases qui évoquent une action habituelle.**

1. Helen is playing cards. ❑
2. Gary tidies his room every day. ❑
3. She's phoning her friend. ❑
4. They're listening to the radio. ❑
5. We never watch horror films. ❑
6. He always cooks dinner. ❑
7. Kevin plays football on Sundays. ❑
8. Sandy is sleeping. ❑

SCORE ..../8

L'emploi du présent en *be* + V-*ing*

- On emploie le présent en *be* + V-*ing* pour parler d'**actions qui se déroulent au moment où l'on parle**.

  *What **is** he **doing**?* Que fait-il ? [en ce moment même, pendant qu'on parle]
  *He**'s singing**.* Il chante.

★★ **2** **a. Complète les questions suivantes avec un auxiliaire.**

1. .... you understand?
2. .... Mary coming with us?
3. .... Peter and Jane going to the circus?
4. .... she take the bus every morning?
5. .... you writing a letter?
6. .... Dave making an omelette?
7. .... your parents buy fruit every day?

b. Sous quelle forme est le verbe quand la question est au présent simple ?

....

SCORE ..../8

COUP DE POUCE
Selon les phrases, tu dois employer l'auxiliaire du présent simple (*do / does*), ou celui du présent en *be* + -*ing* (*am / is / are*).

3 Mets les phrases suivantes à la forme interrogative, comme dans l'exemple.

Ex. : *Stephen is going to the zoo.* → *Is he going to the zoo?*

1. Helen is writing a letter. → ....
2. Bob buys a lot of chocolate. → ....
3. Karen is sitting on the sofa. → ....
4. Jane and Kate watch TV every day. → ....
5. The Browns are going to a party. → ....

SCORE ..../5

ATTENTION
N'oublie pas de toujours commencer tes questions par un auxiliaire.

Quelle information ?

▸ Note bien que l'on ne donne pas la même information lorsque l'on dit :

She plays tennis. Elle joue au tennis. [Cela fait partie de ses activités.]

She is playing tennis. Elle joue au tennis. [Elle joue en ce moment.]

4 Complète ce petit texte en mettant les verbes entre parenthèses au présent simple ou au présent en *be* + V-*ing*.

It is Sunday today.

1. Sally is in the bathroom: she .... her hair (wash).
2. She always .... her hair on Sundays (wash).
3. Peter is in the kitchen: he .... a cake (make).
4. He .... a cake every Sunday (make).
5. Look! The children .... him because they .... cakes very much (help / like).

SCORE ..../6

ATTENTION
Complète chaque espace pointillés avec un ou deux mots. Réfléchis bien à la forme verbale que tu dois employer.

5 Coche les bonnes réponses.

1. On utilise le présent en *be* + V-*ing* pour parler :

❑ d'une action habituelle

❑ d'une action en train de se dérouler

2. Quelle est la phrase qui parle d'une action en train de se dérouler ?

❑ He is reading a magazine.

❑ They go to England every year.

❑ We watch TV on Sundays.

3. Dans une question au présent en *be* + V-*ing*, l'ordre des mots est :
auxiliaire + sujet + base verbale + -*ing* ❑ Vrai ❑ Faux

He's working hard!

SCORE ..../3

COUP DE POUCE
Reporte-toi aux explications de la page 40 pour trouver les bonnes réponses.

Corrigés p. 10-11

TOTAL ..../ 30

19 Be au prétérit

La forme affirmative

- Le prétérit est un temps du passé. On l'utilise pour parler d'**événements passés, détachés du présent**, qui appartiennent à un passé révolu.

  *I **was** in London last week.* J'étais à Londres la semaine dernière.

- *Be* est le seul verbe qui a deux formes au prétérit : ***was*** et ***were***.
  Voici comment il se conjugue à la forme affirmative.

I was	we were
you were	you were
he, she, it was	they were

1 Oliver raconte sa sortie scolaire à un camarade. Complète son récit avec la bonne forme de *be* au prétérit.

INFO
- *a play* : une pièce de théâtre
- Leicester Square est un quartier très animé de Londres où se trouvent la plupart des théâtres londoniens.

1. Yesterday we .... at the theatre.
2. The theatre .... in London, at Leicester Square.
3. The play .... very good. It .... funny.
4. The actors .... wonderful.
5. I .... happy to go to the theatre and all my schoolfriends .... happy too.

SCORE ..../7

La forme interrogative

- Pour obtenir la forme interrogative de *be*, on fait passer l'**auxiliaire avant le sujet**.

was I...?	were we...?
were you...?	were you...?
was he, she, it...?	were they...?

2 Mets les mots dans le bon ordre pour construire des phrases à la forme affirmative ou à la forme interrogative.

ATTENTION
- N'oublie pas de faire l'inversion pour construire des phrases interrogatives.
- *Last Tuesday* : mardi dernier.

1. very / afternoon / was / it / sunny / yesterday

....

2. Tuesday / last / your / where / were / parents / ?

....

3. late / was / school / Jimmy / for / ?

....

4. were / my / born / parents / America / in

....

SCORE ..../4

La forme négative

▸ Pour obtenir la forme négative de *be*, on ajoute la négation ***not*** **après l'auxiliaire**.

Au singulier		Au pluriel	
Forme pleine	**Forme contractée**	**Forme pleine**	**Forme contractée**
I was not	I wasn't	we were not	we weren't
you were not	you weren't	you were not	you weren't
he, she, it was not	he, she, it wasn't	they were not	they weren't

★★ 3 Vrai ou faux ? Complète les phrases suivantes avec la bonne forme de *be* au prétérit, à la forme affirmative ou négative.

1. The Beatles .... English.
2. Christopher Columbus .... a famous painter.
3. Elvis Presley .... a rock singer.
4. Shakespeare .... American.
5. Laurel and Hardy .... famous actors.

SCORE ..../5

COUP DE POUCE
Deux phrases sont fausses. Mets-les à la forme négative.

Les réponses brèves

▸ On utilise un pronom personnel sujet suivi de l'auxiliaire *be*.

*Was Margaret at school? – Yes, **she was**.*
*Was it a good film? – No, **it wasn't**.*

★ 4 Donne des réponses brèves aux questions suivantes.

1. Was the window open? No, ...
2. Was the dog in the garden? Yes, ...
3. Were you on holidays? No, ...
4. Was Jennifer angry? No, ...
5. Were your parents at home? Yes, ...

SCORE ..../5

COUP DE POUCE
Observe bien les auxiliaires et les sujets avant de construire les réponses brèves.

Corrigés p. 11-12

TOTAL ..../ 21

20 Le prétérit : verbes réguliers et irréguliers

Les verbes réguliers

- Le prétérit est un **temps du passé**. Il sert à évoquer ce qui s'est passé hier, il y a trois mois, dans ton enfance, il y a des siècles…

  *I **played** tennis yesterday.* J'ai joué au tennis hier.

- Le prétérit des verbes réguliers se termine par ***-ed*** à toutes les personnes.

  live → *lived* [d]   *work* → *worked* [t]   *want* → *wanted* [ɪd]

  La terminaison doit s'entendre. On prononce [d], [t] ou [ɪd] selon la voyelle ou la consonne qui précède.

★ 1 Mets les verbes en bleu au prétérit.

1. My friends .... the film. (like)
2. I .... my parents yesterday. (call)
3. Jimmy .... the photos two days ago. (look at)
4. The students .... a lot of questions. (ask)
5. We .... tennis last week. (play)

SCORE ..../5

INFO
- *two days ago* : il y a deux jours
- *last week* : la semaine dernière

Les verbes irréguliers

- Un certain nombre de verbes ne forment pas leur prétérit en *-ed*. Ils ont une **forme irrégulière** qu'il faut apprendre par cœur. Cette forme est la même à toutes les personnes.
- Reporte-toi à la liste de ces verbes irréguliers, pages 27-28 du livret des corrigés.

★★ 2 Pour parler de ce qui s'est passé lundi dernier, utilise les verbes suivants au prétérit : see – buy – go – have – take.

1. Last Monday, I .... to the cinema with my aunt.
2. We .... a detective film.
3. After the film, we .... dinner at a fast food restaurant.
4. We .... some strawberry ice cream.
5. We .... the bus to get back home.

SCORE ..../5

COUP DE POUCE
Consulte la liste des verbes irréguliers, à la fin du livret des corrigés.

Les formes interrogative et négative

- Les formes interrogative et négative se construisent à l'aide de l'**auxiliaire *did*** et de la base verbale. *Did* est le prétérit de *do*.

- Elles se construisent de la même façon pour les verbes réguliers et irréguliers.

Forme interrogative			
Auxiliaire	**Sujet**	**Base verbale**	**Compléments**
Did	you	see	John yesterday?

Forme négative			
Sujet	**Auxiliaire**	**Base verbale**	**Complément**
I	didn't	like	the film.

★★ 3 Ronald a fait un très beau rêve. Mais au réveil, il s'aperçoit que tout est faux. Mets le récit de son rêve à la forme négative.

ATTENTION
- Observe bien les phrases 1 et 2 : dois-tu utiliser l'auxiliaire *did* ? Reporte-toi à l'unité 19.
- Pense à remettre le verbe à la base verbale dans les phrases avec *did*.

1. It was my birthday yesterday.
2. My best friends were with me.
3. We played ball games in the garden.
4. My parents made a delicious cake.
5. I had some presents.

1. ....
2. ....
3. ....
4. ....
5. ....

SCORE ..../5

Les réponses brèves

- Pour former une réponse brève au prétérit, on utilise un pronom personnel sujet suivi de l'auxiliaire *did*.

*Did you phone him yesterday? – Yes, **I did**.*
*Did she play tennis yesterday? – No, **she didn't**.*

★ 4 Donne des réponses brèves aux questions suivantes.

1. Did your sisters bring their rackets? – Yes, ...
2. Did you like this book? – No, ...
3. Were you tired yesterday? – No, ...
4. Did the teacher talk to you? – Yes, ...
5. Was the window open? – Yes, ...

SCORE ..../5

COUP DE POUCE
Dans la phrase 4, deux réponses sont possibles car le mot *teacher* peut désigner un homme ou une femme.

Corrigés p. 12

TOTAL ..../ 20

21 L'expression de l'avenir

Be going to + base verbale

- On peut exprimer l'avenir en utilisant *be going to* + base verbale. Cette construction convient bien pour **exprimer** l'**intention,** la **résolution** ou pour **prédire** un **événement**. Dans cette expression, l'auxiliaire *be* se conjugue au présent, *going to* et la base verbale restent invariables.

  I'm going to buy a motorbike. Je vais acheter une moto.

- Aux **formes interrogative et négative**, on obtient :

Forme interrogative			
Auxiliaire *be*	**Sujet**	***going to***	**Base verbale**
Are	you	going to	sleep?

Forme négative			
Sujet	**Auxiliaire *be* + *not***	***going to***	**Base verbale**
He	isn't	going to	sing.

- Pour formuler une **réponse brève**, on utilise un pronom personnel sujet suivi de l'auxiliaire *be*.

  *Are they going to decorate their room? – No, **they aren't**.*
  *Is he taking the plane tomorrow? – Yes, **he is**.*

★★ 1 Mary-Alice vient de s'inscrire en colonie de vacances.
Elle envoie un message à sa meilleure amie pour lui parler de toutes les activités qu'elle va faire. Aide-la à rédiger son message (5 phrases).

1. have tennis lessons **2.** ride a mountain bike **3.** swim in the sea
4. have picnics on the beach **5.** play basketball.

1. ....

2. ....

3. ....

4. ....

5. ....

SCORE ..../5

COUP DE POUCE
Construis toutes les phrases avec l'expression *be going to*. N'oublie pas de conjuguer l'auxiliaire *be*.

★ 2 Donne des réponses brèves aux questions suivantes.

1. Are you going to take the train? – No, ...

2. Is Tim going to buy a new car? – No, ...

3. Are they going to have a party next Saturday? – Yes, ...

4. Is Shirley going to visit Paris? – Yes, ...

SCORE ..../4

ATTENTION
• On n'emploie pas la forme contractée quand on répond par *yes*.
• N'oublie pas que les *yes-no questions* commencent toujours par un auxiliaire.

3 Utilise les éléments donnés pour construire une question et lui donner une réponse négative.

Ex. : *you / play tennis*

→ *Are you going to play tennis? – No, I'm not.*

1. your parents / invite their friends

....

2. Michael / call Laura

....

3. your sister / do her homework

....

4. you / take a taxi

....

5. Sebastian / play ice hockey

....

SCORE .... **/5**

> **COUP DE POUCE**
> Pense à utiliser l'auxiliaire *be* dans les questions et dans les réponses brèves.

Le présent en *be* + V-*ing*

- Lorsque le sujet est un être animé et que la phrase contient un **complément indiquant l'idée de futur**, on peut aussi exprimer l'avenir en utilisant le présent en *be* + V-*ing*.

  *He'**s leaving** tomorrow.* Il part demain.

  *They'**re coming** at five.* Ils viennent à 5 heures.

4 À partir des éléments donnés, construis deux phrases exprimant le futur.

Ex. : *I / take the plane / tomorrow.*

→ *I'**m taking** the plane tomorrow.*

→ *I'**m going to take** the plane tomorrow.*

1. He / give a concert / tonight → ....

→ ....

2. I / play football / tomorrow → ....

→ ....

3. They / have a party / next Saturday → ....

→ ....

4. Allison/ come back / at 5 → ....

→ ....

SCORE .... **/8**

> **COUP DE POUCE**
> Rappelle-toi que tu as appris à parler de l'avenir en utilisant l'expression *be going to* ou le présent en *be* + V-ing.

Corrigés p. 12-13

TOTAL .... **/ 22**

22 L'impératif

L'impératif à la forme affirmative

- En anglais, comme en français, on emploie l'impératif pour donner des **ordres**, des **conseils** (à la forme affirmative) ou formuler des **interdictions** (à la forme négative).
- Pour former une phrase impérative à la forme affirmative à la 2e personne du singulier ou du pluriel, on emploie la **base verbale sans sujet**.

  ***Give** me the key.* Donne-moi la clé.
  ***Open** the door.* Ouvrez la porte.

INFO
- écouter : *listen to*
- attendre : *wait for*
- partir : *leave*

★★ **1** **Utilise des phrases à l'impératif pour demander à quelqu'un...**

1. de t'écouter → ....
2. de t'attendre → ....
3. d'ouvrir la porte → ....
4. de partir avant 6 heures → ....
5. d'écrire son nom → ....

SCORE ..../5

L'impératif à la forme négative

- À la forme négative, la base verbale est précédée de ***don't***.

  ***Don't wake** him up.* Ne le réveillez pas.
  ***Don't worry**.* Ne t'inquiète pas.
  ***Don't smoke** here.* Ne fumez pas ici.

ATTENTION
Observe bien la forme du verbe dans l'exemple. Dois-tu conserver la terminaison en *-ing* après *don't* ?

★★ **2** **Utilise l'impératif pour demander aux personnes de ne pas faire ce qu'elles font.**

Ex. : *He is eating his sandwich now.*
→ *Don't eat your sandwich now!*

1. He is writing on the walls.

....!

2. She is sleeping in the armchair.

....!

3. He is putting his shoes on his bed.

....!

4. He is brushing his hair in the kitchen.

....!

5. She is playing football in the living room.

....!

SCORE ..../5

3 Ton professeur voudrait rappeler certaines règles à respecter en classe. Complète les phrases en mettant les verbes en bleu à l'impératif. Emploie la forme négative quand cela est nécessaire.

1. .... in class. (drink)
2. .... your hands up before speaking. (put)
3. .... your homework. (forget)
4. .... chewing gum. (eat)
5. .... carefully. (listen)
6. .... with your friend. (chat)

SCORE ..../6

COUP DE POUCE
Vérifie que tu as employé l'impératif quatre fois à la forme négative.

4 *Do's and don'ts.* Barre les ordres que des parents ne diraient jamais à leurs enfants !

COUP DE POUCE
Consulte le lexique p. 60 si tu ne comprends pas certaines phrases.

SCORE ..../13

Corrigés p. 13

TOTAL ..../ 29

23 Les adverbes

Les adverbes de fréquence

- *Sometimes* (quelquefois), *usually* (habituellement), *often* (souvent), *always* (toujours), *never* (jamais) sont des adverbes qui permettent de préciser à quelle fréquence se produit l'action exprimée par le verbe.

  *He is **always** late.* Il est toujours en retard.

- **Attention !** Ces adverbes se placent **avant le verbe** quand celui-ci est employé sans auxiliaire.

  *He **never** smokes.* Il ne fume jamais.

  Retiens l'ordre : **sujet (+ auxiliaire) + adverbe + verbe**.

★ 1 Reformule la phrase en y insérant l'adverbe entre parenthèses.

COUP DE POUCE
Une phrase contient l'auxiliaire *do* suivi de la négation. Tu dois placer l'adverbe de fréquence juste après la négation.

1. I drink coffee. (never) → ....
2. My brothers are hungry. (always) → ....
3. They don't go to the swimming pool. (often) → ....
4. My doctor is very patient. (usually) → ....
5. His parents take the train. (sometimes) → ....

SCORE ..../5

★ 2 À l'aide des indications du tableau, indique de quelle jeune fille on décrit les habitudes.

ATTENTION
Les trois amies ont parfois des goûts communs. Lis bien chaque texte jusqu'au bout pour découvrir de qui il s'agit.

	make cakes	read comics	listen to music	watch DVDs
Sheila	never	often	sometimes	always
Angela	sometimes	often	always	never
Pamela	sometimes	never	often	always

1. She often reads comics. She sometimes makes cakes.
She never watches DVDs. She always listens to music.
Her name is ....

2. She often reads comics. She always watches DVDs.
She never makes cakes.
She sometimes listens to music.
Her name is ....

3. She always watches DVDs. She often listens to music. She sometimes makes cakes. She never reads comics.
Her name is ....

SCORE ..../3

Well et *very much*

- *Well* et *very much* sont des adverbes exprimant la **qualité** et l'**intensité** :
  - *well*, adverbe correspondant à l'adjectif *good*, signifie « bien » ;
  - *very much* signifie « beaucoup ».
- Observe ces deux exemples.
  She speaks English ***well****.* Elle parle bien anglais.
  I like this book ***very much****.* J'aime beaucoup ce livre.
- *Well* et *very much* se placent **à la fin de la phrase**, après le groupe formé par le verbe et son complément.

3 Comment dirais-tu que… ?

1. tu aimes beaucoup cette voiture → ……………………………………
2. ton cousin américain parle très bien le français → ……………………………………
3. tu regardes toujours la télévision le soir → ……………………………………
4. ils vont souvent à l'école en bus → ……………………………………
5. elle est toujours en retard pour l'école → ……………………………………

SCORE ……… /5

ATTENTION
Réfléchis bien à l'ordre des mots et à la place de chaque adverbe.

4 Forme des phrases à l'aide de ces mots en désordre.

1. likes / mother / much / my / jazz / very
……………………………………
2. them / she / plays / never / with / Scrabble
……………………………………
3. early / cousins / always / are / my
……………………………………
4. speak / well / she / very / French / does / ?
……………………………………
5. my / often / at / gets / up / mother / seven
……………………………………

SCORE ……… /5

ATTENTION
- N'oublie pas qu'un adverbe ne doit jamais séparer un verbe de son complément d'objet direct.
- *to be early* : être en avance

Corrigés p. 13-14

TOTAL ……… / 18

24 Les questions

Généralités

- Il existe **deux types de questions** :
  - les *yes-no questions* auxquelles on répond par oui ou par non (questions fermées) ;
  - les *wh- questions* qui sont introduites par des mots interrogatifs (questions ouvertes).
- Dans une phrase interrogative, on fait passer **l'auxiliaire avant le sujet**.
  Quand la phrase affirmative ne contient pas d'auxiliaire, on fait appel à *do/does* (au présent) ou *did* (au prétérit) pour construire la forme interrogative.
  Les ***yes-no questions*** **commencent** donc **toujours par un auxiliaire**.

Forme affirmative	Forme interrogative
He is in the bathroom.	***Is** he in the bathroom?*
They like chocolate.	***Do** they like chocolate?*

★★ **1** **Transforme les phrases de ce texte en *yes-no* questions.**

1. She is at the cinema. **2.** She is going to see a detective film. **3.** She likes detective films. **4.** She took the bus to go to the cinema. **5.** The film starts at 4 o'clock.

1. ....?

2. ....?

3. ....?

4. ....?

5. ....?

SCORE ..../5

COUP DE POUCE
Les phrases 3, 4 et 5 de ce texte ne contiennent pas d'auxiliaire. Pense à en utiliser un pour construire la forme interrogative.

Les *wh- questions*

On utilise	pour interroger sur	Exemples
what	la chose, l'action	***What** are you drinking?* Que bois-tu ? ***What** are you doing?* Que fais-tu ?
who	l'identité de la personne	***Who** is he calling?* Qui appelle-t-il ?
whose	l'appartenance	***Whose** car is this?* À qui est cette voiture ?
when	le temps	***When** is he coming?* Quand vient-il ?
where	le lieu	***Where** are you going?* Où vas-tu ?
why	la cause	***Why** is he angry?* Pourquoi est-il en colère ?

★ **2** **Regarde les réponses et trouve le mot interrogatif manquant.**

1. .... are they going? – They're going to the country.

2. .... are you coming? – Tomorrow.

ATTENTION
Vérifie que tu as employé cinq mots interrogatifs différents.

3. .... is your brother doing? – He's working.

4. .... MP3 player is it? – It's Daniel's.

5. .... is it? – It's Patrick.

SCORE ..../5

Les questions avec *how*

On utilise	pour interroger sur	Exemples
how	la manière	***How*** *do you make this cake?* Comment fais-tu ce gâteau ?
how old	l'âge	***How*** *old are you?* Quel âge as-tu ?
how many (+ dénombrable au pluriel)	le nombre	***How many*** *DVDs have you got?* Combien de DVD as-tu ?
how much (+ indénombrable)	la quantité	***How much*** *milk do you want?* Combien de lait veux-tu ?
	le prix	***How much*** *is it?* Combien cela coûte-t-il ?

★★ 3 **Pose des questions portant sur les mots en orange.**

1. Bob is running because he's late. → ....?
2. He is eleven. → ....?
3. His parents are at the supermarket. → ....?
4. Robert has got two sisters. → ....?

SCORE ..../4

COUP DE POUCE
Tu dois construire des *wh- questions* et des questions avec *how*.

Place de la préposition

▸ Quand le verbe utilisé se construit avec une préposition, cette préposition doit rester **après le verbe dans la question.**

*Where **do** you **come from**?* D'où viens-tu ?
*What **are** you **looking at**?* Qu'est-ce que tu regardes ?

★★ 4 **Un bruit bizarre t'a empêché d'entendre la fin de la phrase. Pose la question qui te permettra de comprendre de quoi on parle.**

1. They are looking at some ???. → ....?
2. He comes from ???. → ....?
3. She is waiting for Mrs ???. → ....?
4. They are talking to ???. → ....?

SCORE ..../4

COUP DE POUCE
Toutes les questions doivent avoir la même construction : mot interrogatif + auxiliaire + sujet + verbe suivi de la préposition qui l'accompagne.

Corrigés p. 14-15

TOTAL ..../ 18

25 Les phrases réduites

Les réponses brèves

- En anglais, on répond rarement par *yes* ou *no* employés seuls. On utilise :
  - *Yes* + pronom pers. sujet + auxiliaire, dans le cas d'une **réponse affirmative**.

    ***Do** you speak French? – Yes, **I do**.* Parlez-vous français ? – Oui.
    ***Can** you play the violin? – Yes, **I can**.* Sais-tu jouer du violon ? – Oui.
  - *No* + pronom pers. sujet + auxiliaire + négation, dans le cas d'une **réponse négative**.

    ***Are** the children sleeping? – No, **they aren't**.* Les enfants dorment-ils ? – Non.
    ***Have** they got a dog? – No, **they haven't**.* Ont-ils un chien ? – Non.
- **Attention !** Dans une réponse brève à la forme affirmative, on ne doit pas employer de forme contractée.

  ***Are** you tired? – Yes, **I am**.* Es-tu fatigué ? – Oui.

★ 1 Donne des réponses brèves aux questions suivantes.

ATTENTION Observe bien les sujets et les auxiliaires pour construire les réponses brèves.

1. Can you swim? – Yes, ...
2. Do they like coffee? – No, ...
3. Are you pleased? – Yes, ...
4. Is she reading a book? – Yes, ...
5. Does he play cricket? – No, ...
6. Have you got a computer? – No, ...

SCORE ..../6

Les *question tags*

- Les *question tags* servent généralement à demander confirmation ; ils peuvent aussi exprimer la surprise. Ils sont l'équivalent du français « **n'est-ce pas ?** », mais sont employés beaucoup plus systématiquement que ne l'est cette locution en français.
- Construction des *tags*

  1re **partie affirmative** → *tag* avec une négation : auxiliaire + *not* + pronom personnel

  It's delicious, ***isn't it?*** C'est délicieux, n'est-ce pas ?
  (*It's delicious* ⊕ / ***isn't it?*** ⊖)

  1re **partie négative** → *tag* sans négation : auxiliaire + pronom personnel

  My parents aren't late, ***are they?*** Mes parents ne sont pas en retard, n'est-ce pas ?
  (*My parents aren't late* ⊖ / ***are they?*** ⊕)

- Tu remarques que le *question tag* est toujours précédé d'une virgule et suivi d'un point d'interrogation. Pourtant, il n'est généralement **pas une vraie question** : on n'attend pas toujours une réponse. Dans ce cas l'intonation des *question tags* n'est pas montante, mais descendante.

2 Très occupé à savourer son plat, monsieur Glouton a une étrange manière de faire la conversation. Il n'attend pas vraiment de réponse. Complète ses phrases avec des *question tags*.

1. It's a very good restaurant, ... ?
2. It isn't a fast food restaurant, ... ?
3. You are hungry, ... ?
4. The meat is good, ... ?
5. The potatoes are delicious, ... ?
6. We are happy, ... ?

SCORE ..../6

ATTENTION
N'oublie pas qu'il faut employer un *tag* négatif lorsque la première partie de la phrase est affirmative.

3 **a.** Relie débuts et fins de phrase pour obtenir des phrases complètes.

Tom's your brother, •	• aren't you?
It isn't cold, •	• aren't they?
Your car's red, •	• are they?
You are American, •	• is it?
His cousins aren't ready, •	• isn't it?
Your parents are at the theatre, •	• isn't he?

b. Écris ces phrases.

1. ....
2. ....
3. ....
4. ....
5. ....
6. ....

SCORE ..../6

COUP DE POUCE
Pour choisir le bon *tag*, il faut observer à la fois l'auxiliaire et le sujet employés dans la première partie de la phrase.

4 Coche les bonnes réponses.

1. Dans une réponse brève, le sujet est toujours repris sous forme de pronom personnel.

❑ Vrai ❑ Faux

2. Dans un *question tag*, l'auxiliaire est toujours placé avant le sujet.

❑ Vrai ❑ Faux

3. Quand la première partie de la phrase est affirmative, le *question tag* :

❑ est affirmatif aussi. ❑ contient une négation.

SCORE ..../3

COUP DE POUCE
Reporte-toi aux explications de la page 54. Tu y trouveras toutes les réponses à ces questions !

Corrigés p. 15

Plus d'exercices sur www.hatier-entrainement.com

TOTAL ..../ 21

26 Les nombres

Les adjectifs cardinaux de 1 à 90

1	one	12	twelve	30	thirty
2	two	13	thirteen	31	thirty-one
3	three	14	fourteen	32	thirty-two...
4	four	15	fifteen	40	forty
5	five	16	sixteen	50	fifty
6	six	17	seventeen	60	sixty
7	seven	18	eighteen	70	seventy
8	eight	19	nineteen	80	eighty
9	nine	20	twenty	90	ninety
10	ten	21	twenty-one		
11	eleven	22	twenty-two...		

1 Écris en lettres les nombres figurant dans ce dialogue.

At the bakery:

– Good morning, can I help you?

– Hello! I'd like a cake, please.

– What would you like?

– A big one for 8 people (..................). It's for my father's birthday. How much is this one?

– It's 22 (..........................) pounds.

– And that chocolate cake over there?

– 15 (..........................) pounds.

– OK, I'll take the chocolate cake. I need some candles too.

– How many?

– 39 (..........................). No, no, 40 (..........................) now.

– So that's 21 (..........................) pounds, boy! Here you are!

Enjoy it and best wishes to your dad!

– Thank you. Goodbye!

SCORE ..../6

INFO
- *bakery* : boulangerie
- *candles* : bougies
- *best wishes* : meilleurs vœux

100 et plus

▸ Observe comment on forme les adjectifs cardinaux **à partir de 100.**

100	a/one hundred	200	two hundred
101	a/one hundred and one	295	two hundred and ninety-five
110	a/one hundred and ten		

- Retiens que :
  - *hundred* ne prend **pas d'*s*** ;
  - quand on n'a pas un nombre entier de centaines, *hundred* est suivi de *and*.

  He has got ***two hundred and twenty-five stamps****.* Il a deux cent vingt-cinq timbres.

★★ 2 Écris les nombres en chiffres.

1. two hundred and seventy-eight → ....
2. four hundred and twenty-five → ....
3. five hundred → ....
4. seven hundred and ninety-two → ....
5. eight hundred and five → ....

SCORE ..../5

COUP DE POUCE
Vérifie que tous les nombres que tu as écrits comptent trois chiffres.

Les adjectifs ordinaux

- Voici la liste à retenir.

1st	first	8th	eighth	21st	twenty-first
2nd	second	9th	ninth	30th	thirtieth
3rd	third	10th	tenth	31st	thirty-first
4th	fourth	11th	eleventh	32nd	thirty-second
5th	fifth	12th	twelfth	100th	hundredth
6th	sixth	13th	thirteenth		
7th	seventh	20th	twentieth		

- On utilise ces adjectifs en particulier dans les noms de souverains.

  Elizabeth ***the second*** (Elizabeth II), *Henry* ***the eighth*** (Henry VIII).

★ 3 Relie l'écriture chiffrée et l'écriture littérale correspondante.

1st •	• ninth	2nd •	• twelfth
3rd •	• third	12th •	• twentieth
9th •	• first	20th •	• second

SCORE ..../6

ATTENTION
Note l'orthographe irrégulière de *ninth* et *twelfth*.

★ 4 Trouve le mot mystérieux en répondant aux questions.
Inscris dans chaque case la lettre demandée et tu le liras de haut en bas.

1. What's the second letter of the word animal? ☐
2. What's the first letter of the word umbrella? ☐
3. What's the third letter of the word game? ☐
4. What's the first letter of the word bed? ☐
5. What's the fifth letter of the word garden? ☐
6. What's the eighth letter of the word November? ☐

INFO
- *umbrella* : parapluie
- *game* : jeu

SCORE ..../6

Corrigés p. 15-16

TOTAL ..../ 23

LA PHRASE

27 La date et l'heure

La date

- Pour lire **une année**, on dit d'abord les deux premiers chiffres, puis les deux derniers.
  Pour lire 1998, on dit *nineteen ninety-eight.*

Attention ! À partir de 2000, on lit l'année comme en français, en commençant par les milliers.
  Pour dire 2005, on dit *two thousand and five* (*thousand* est invariable).

- En anglais, **les jours et les mois** s'écrivent avec une majuscule.

Jours de la semaine
Monday
Tuesday
Wednesday
Thursday
Friday
Saturday
Sunday

Mois de l'année	
January	July
February	August
March	September
April	October
May	November
June	December

- Écriture et lecture d'une date complète.
  On écrit : *July 14th, 1789* ou *14th July 1789*
  On dit : *July, the fourteenth seventeen eighty-nine* ou *the fourteenth of July seventeen eighty-nine*.

★ 1 **Écris les dates suivantes en chiffres.**

1. nineteen ninety-eight → ....
2. eighteen sixty-nine → ....
3. nineteen seventy-two → ....
4. seventeen eighty-five → ....
5. two thousand and three → ....

SCORE ..../5

ATTENTION
Pour les quatre premières dates qui sont antérieures à 2000, on dit d'abord les deux premiers chiffres.

★★ 2 **Écris en toutes lettres les dates données dans ce petit dialogue.**

– Ben, when were you born?

– I was born in July.

– Yes, but when exactly? On the 14th?

Like Bastille Day? (..................................)

– No fireworks for me. I was born on July 31st 1994.

(..

....)

SCORE ..../3

INFO
Le 14 juillet se dit *Bastille Day* en anglais ! *Fireworks* signifie « feux d'artifice ».

L'heure

- Regarde bien ces pendules.

It's five o'clock./It's five.

It's ten past five.

It's (a) quarter past five.

It's half past five.

It's twenty to six.

It's (a) quarter to six.

- Tu remarques que, pour donner l'heure en anglais :
  - on exprime **les minutes avant les heures** ;
  - on utilise la préposition ***past*** (après) quand l'aiguille est sur la moitié droite du cadran, et la préposition ***to*** (jusqu'à) quand elle est sur la moitié gauche.

3 **Quelle heure est-il ? Inscris l'heure sous les quatre premiers réveils puis dessine les aiguilles sur les deux derniers.**

ATTENTION
- N'oublie pas que, pour dire l'heure en anglais, on commence par donner les minutes.
- Ne confonds pas *past* et *to*.

1. ....

2. ....

3. ....

4. ....

5. It's (a) quarter past six.

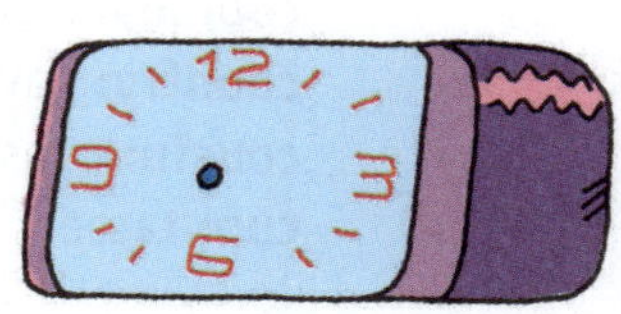

6. It's half past twelve.

SCORE ..../6

Corrigés p. 16

Plus d'exercices sur www.hatier-entrainement.com

TOTAL ..../ 14

Lexique des exercices

A

actor: acteur
actress: actrice
after: après
afternoon: après-midi
airport: aéroport
all: tout, tous
always: toujours
American: américain
angry: en colère
apple: pomme
April: avril
armchair: fauteuil
August: août
aunt: tante

B

bag: sac
ball: ballon
bank: banque
bath: bain, baignoire
bathroom: salle de bains
beach: plage
beautiful: beau
because: parce que
bed: lit
bedroom: chambre
before: avant
behind: derrière
best: meilleur
between: entre
bicycle: vélo
big: grand
bike: vélo
bird: oiseau
birthday: anniversaire
blue: bleu
boat: bateau
book: livre
bookseller: libraire
boot: botte
born *(to be)***:** né (être)
bottle: bouteille
box: boîte
boy: garçon
bread: pain
breakfast: petit déjeuner
bridge: pont
brother: frère
brush: brosse
brush *(to)***:** (se) brosser
bus: autobus
butter: beurre
buy *(to)***:** acheter

C

cake: gâteau
call *(to)***:** appeler
camera: appareil photo
cap: casquette
car: voiture
card: carte
carefully: attentivement
cartoon: dessin animé
cat: chat
chair: chaise
chat *(to)***:** bavarder
cheap: bon marché
cheese: fromage
chicken: poulet
child *(pl. children)***:** enfant
circus: cirque
classroom: salle de classe
clock: pendule
coat: manteau
coffee: café
cold: froid
colour: couleur
come *(to)***:** venir
comics: bande dessinée
computer: ordinateur
cook *(to)***:** faire la cuisine
cookies: biscuits
country: pays, campagne
cousin: cousin
cup: tasse

D

dance *(to)***:** danser
daughter: fille (≠ fils)
day: jour
December: décembre
delicious: délicieux
dentist: dentiste
desk: bureau
detective film: film policier
difficult: difficile
dinner: dîner
dirty: sale
do *(to)***:** faire
doctor: médecin
dog: chien
dolphin: dauphin
door: porte
dress: robe
drink: boisson
drink *(to)***:** boire
drive *(to)***:** conduire

E

early: tôt, en avance
easy: facile
eat *(to)***:** manger
egg: œuf
engineer: ingénieur
English: anglais
escalator: escalator
every: chaque
exercise: exercice
expensive: cher

F

famous: célèbre
fast: rapide
father: père
February: février
first: premier
fish: poisson
floor: sol
flower: fleur
fly *(to)***:** voler
food: nourriture
forget *(to):* oublier
fox: renard
French: français
Friday: vendredi
fridge: réfrigérateur
friend: ami
from: de (provenance)
funny: amusant

G

game: jeu
garden: jardin
gardener: jardinier
get back *(to)*: rentrer
get up *(to)*: se lever
girl: fille
give *(to)*: donner
glass: verre
glasses: lunettes
go *(to)*: aller
go down *(to)*: descendre
go out *(to)*: sortir
good: bon
grandfather: grand-père
grandmother: grand-mère

H

hair: cheveux
hairdresser: coiffeur
hall: entrée
hand: main
happy: heureux
hard: dur
hat: chapeau
have *(to)*: avoir
have a bath *(to)*: prendre un bain
head: tête
heavy: lourd
help *(to)*: aider
high: haut
hippo: hippopotame
holiday: vacances
home *(at)*: maison (à la)
homework: devoirs
hoovering *(to do the)*: passer l'aspirateur
horror: horreur
horse: cheval
hour: heure
house: maison
hundred: cent
hungry: affamé

I, J, K

ice cream: glace
ill: malade
in: dans
in front of: devant
into: dans
invite *(to)*: inviter
Italian: italien
January: janvier
July: juillet
jump *(to)*: sauter
June: juin
kangaroo: kangourou
key: clef
kitchen: cuisine
knife: couteau

L

ladder: échelle
last: dernier
late: tard, en retard
letter: lettre
librarian: bibliothécaire
like *(to)*: aimer (apprécier)
listen *(to)*: écouter
little: petit
live *(to)*: vivre
living room: salon
look at *(to)*: regarder
lunch: déjeuner

M

make *(to)*: faire
man *(pl. men)*: homme
March: mars
match: allumette
May: mai
meat: viande
milk: lait
mobile (phone): (téléphone) portable
Monday: lundi
money: argent
morning: matin
mother: mère
mountain: montagne
mountain bike: V.T.T.
mouth: bouche
much: beaucoup
music: musique

N

name: nom
near: près de
nephew: neveu
nest: nid
never: jamais
new: neuf, nouveau
newspaper: journal
next: prochain
nice: gentil
noise: bruit
November: novembre
now: maintenant
nurse: infirmière

O, P

October: octobre
often: souvent
old: vieux
on: sur
open: ouvert
orange juice: jus d'orange
painter: peintre
park: parc
park *(to)*: se garer
party: fête
pen: stylo
pencil case: trousse
pet: animal domestique
phone *(to)*: téléphoner
piece of: morceau de
plane: avion
play: pièce de théâtre
play *(to)*: jouer
player: joueur ; lecteur (appareil)
pleased: content
pocket: poche
policeman: policier
poster: affiche
postman: facteur
potato: pomme de terre

present: cadeau
put *(to)***:** mettre, poser
put... up *(to)***:** lever

R

rabbit: lapin
racket: raquette
rain *(to)***:** pleuvoir
read *(to)***:** lire
ready: prêt
record: disque
red: rouge
ride *(to)***:** faire du vélo ; monter à cheval
right: juste
river: rivière, fleuve
roof: toit
room: chambre
run *(to)***:** courir

S

sad: triste
salt: sel
Saturday: samedi
school: école
schoolfriend: camarade de classe
sea: mer
second: deuxième
see *(to)***:** voir
September: septembre
set (TV): poste de télévision
shirt: chemise
shoe: chaussure
shopping: courses
sing *(to)***:** chanter
singer: chanteur
sister: sœur
sit *(to)***:** être assis
ski *(to)***:** skier
sleep *(to)***:** dormir
small: petit
smoke *(to)***:** fumer
sock: chaussette
sofa: canapé
sometimes: quelquefois
son: fils
song: chanson
speak *(to)***:** parler
stadium: stade
stairs: escalier
start *(to)***:** commencer
strawberry: fraise
street: rue
student: étudiant
sugar: sucre
Sunday: dimanche
sunny: ensoleillé
supermarket: supermarché
sweet: bonbon
swim *(to)***:** nager
swimming pool: piscine

T

take *(to)***:** prendre
take off *(to)***:** enlever (un vêtement)
take...out *(to)***:** sortir
talk *(to)***:** parler
tall: grand
tea: thé
teacher: professeur
third: troisième
Thursday: jeudi
ticket: billet
tidy *(to)***:** ranger
time: temps
tired: fatigué
today: aujourd'hui
tomato: tomate
tomorrow: demain
tonight: ce soir
too: aussi
tooth (*pl. teeth*)**:** dent
toothpaste: dentifrice
tourist: touriste
tree: arbre
Tuesday: mardi

U, V

umbrella: parapluie
uncle: oncle
under: sous, en dessous de
understand *(to)***:** comprendre
university: université
usually: habituellement
vegetable: légume
very: très
visit *(to)***:** visiter

W, Y

wait for *(to)***:** attendre
wall: mur
want *(to)***:** vouloir
warm: chaud
was (prét. de **be**)**:** être (*au passé*)
wash *(to)***:** laver
watch: montre
watch *(to)***:** regarder
wear *(to)***:** porter (vêtement)
Wednesday: mercredi
week: semaine
well: bien
were (prét. de **be**)**:** être (*au passé*)
wet: mouillé
white: blanc
who: qui
wife: femme (épouse)
window: fenêtre
with: avec
woman (*pl.* women)**:** femme
wonderful: merveilleux
word: mot
work: travail
work *(to)***:** travailler
write *(to)***:** écrire
wrong: faux

Y

year: année
yellow: jaune
yesterday: hier
young : jeune

Index des notions grammaticales

Les chiffres en couleur renvoient au livret central de corrigés.

Mémento de conjugaison

N. B. : Seules les formes pleines figurent dans les tableaux ci-dessous. Pour les formes contractées, reporte-toi aux leçons correspondant aux verbes et aux temps cités.

Be

	Présent	Prétérit
Forme affirmative	I am you are he, she, it is we are you are they are	I was you were he, she, it was we were you were they were
Forme interrogative	am I…? are you…? is he, she, it…? are we…? are you…? are they…?	was I…? were you…? was he, she, it…? were we…? were you…? were they…?
Forme négative	I am not you are not he, she, it is not we are not you are not they are not	I was not you were not he, she, it was not we were not you were not they were not

Have got

	Présent
Forme affirmative	I have got you have got he, she, it has got we have got you have got they have got
Forme interrogative	have I got…? have you got…? has he, she, it got…? have we got…? have you got…? have they got…?
Forme négative	I have not got you have not got he, she, it has not got we have not got you have not got they have not got

Can

Présent	Prétérit
I can you can he, she, it can we can you can they can	I could you could he, she, it could we could you could they could
can I…? can you…? can he, she, it…? can we…? can you…? can they…?	could I…? could you…? could he, she, it…? could we…? could you…? could they…?
I cannot you cannot he, she, it cannot we cannot you cannot they cannot	I could not you could not he, she, it could not we could not you could not they could not

Achevé d'imprimer en France par Imprimerie IPS
Dépôt légal n°05121-8/02 - Octobre 2019